대학 4년간 배우는 내용을 한권에 담았다!

일러스트로 바로 이해하는

가장 쉬운
마케팅

히라노 아쓰시 칼 감수 　　 조사연 옮김

더퀘스천

'마케팅의 목적은 판매를 불필요하게 하는 것?'

"마케팅요? 회사가 물건 팔려고 펼치는 판매 촉진 활동 아니에요? 나랑은 관계없어요! 어려울 것 같기도 하고요."
마케팅에 대해 물으면 사람들은 보통 이러한 반응을 보입니다.

그러나 마케팅과 판매는 다릅니다. 마케팅에 대해 말할 때, 판매를 불필요하게 만드는 활동이라는 표현을 자주 합니다. 만든 것을 파는 게 아니라 팔리는 것을 만든다는 생각이지요. 물건이 안 팔린다는 걱정 섞인 푸념이 여기저기서 들려오는 요즘이야말로 마케팅의 역할이 어느 때보다 중요합니다. 아무리 훌륭한 제품과 서비스를 만들어도 그것이 사회의 필요와 맞지 않으면 팔리지 않을 테고, 팔리지 않으면 이익 창출도 없으니까요.

광고나 입소문바이럴 마케팅도, 스마트폰이 폭발적으로 보급되고 페이스북(Facebook), 인스타그램(Instagram) 등의 소셜미디어, 구글(Google) 등의 검색 엔진 미디어 등이 IT 기술 발달로 복잡·다양해지면서 빠르게 진화 중입니다. 한쪽에서는 근본적인 개혁도 일어나고 있고요. 인터넷 광고 세계도 마찬가지입니다. 광고(Advertising)와 테크놀로지(Technology)를 합친 애드 테크(AD Tech)라는 말이 생겨날 정도로 테크놀로지의 진화와 함께 광고의 존재 방식도 끊임없이 변하고 있습니다.

저는 오랫동안 와세다대학 비즈니스스쿨(MBA)에서 최신 IT 마케팅을

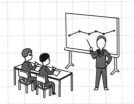

가르쳤습니다. 사람들이 마케팅을 어려워하는 가장 큰 이유는 SEO 등처럼 영어로 된 전문용어와 유행어가 많기 때문이 아닐까 싶습니다. 그러나 단어의 의미만 알면 내용 자체는 크게 어렵지 않습니다. 누구나 이해할 수 있을 정도입니다.

그래서 이 책은 마케팅을 전혀 배우지 않은 사람이 읽어도 일러스트와 대화를 통해 자연스럽게 마케팅 전체를 조망할 수 있게끔 고심하며 제작했습니다.

기본적으로는 마케팅이란 무엇인가, 라는 질문에서 시작해 기본 중의 기본인 마케팅 믹스의 STP, 4P(MM) 프레임워크를 공부하고 SWOT 분석, 3C 분석, 코틀러의 시장지위에 따른 마케팅 전략, DAGMAR 이론, 홀리스틱 마케팅, 하워드-세스 모델, 엔드리스 아일 등을 거쳐 최신 디지털 마케팅인 트리플 미디어, AIDMA/AISAS, 리스팅 광고, SEO/SEM, 애드 네트워크, DSP, 플래시 마케팅, 서브퀄 모델, 다이렉트 마케팅에 이르기까지 마케팅의 핵심을 폭 넓게 배울 수 있으리라 자신합니다.

이 책을 읽고 마케팅에 흥미를 가지게 됐다면 꼭 졸작인《칼 교수의 마케팅 집중강의》에도 도전해 보기 바랍니다. 마케팅 지식이 한 단계 업그레이드될 것입니다.

또 마케팅뿐 아니라 경영학 전반에 대해서도 알고 싶다면 이 책의 자매도서인《일러스트로 바로 이해하는 가장 쉬운 경영학》을 함께 읽어보세요. 마케팅을 더 깊이 이해할 수 있게 되리라 확신합니다.

아무쪼록 이 책이 발판이 되어 여러분의 마케팅 능력이 크게 도약하게 되기를 진심으로 바랍니다.

히라노 아쓰시 칼

일러스트로 바로 이해하는
가장 쉬운 **마케팅**

chapter.01
마케팅,
왜 필요할까?

chapter.02
마케팅의
기본

chapter.05
최신 마케팅 이론

마케팅,
왜 필요할까?

교수

마리 씨

장래 꽃집 경영이 꿈인 마리 씨는
한 대학의 경제경영학부에 진학했다.
기대하던 첫 강의 시간, 오늘의 주제는
'마케팅이란 무엇인가'이다.

마케팅이란?

마케팅이라는 말을 들을 때마다 '판매랑 뭐가 다르지?' 하고
궁금해 하는 사람이 많다. 도대체 마케팅은 어떤 학문일까?

꽃집 경영이 앞으로의 꿈인 마리 씨는 대학에서 마케팅 수업을 듣는다. 수업 시간에 교수는 "판매와 마케팅은 서로 다른 개념입니다."라고 말했다. "그럼 마케팅은 어떤 학문인가요?"라는 마리 씨의 질문에 "마케팅이란 세상의 움직임을 주의 깊게 살펴 사회 구성원이 원하는 제품과 서비스를 제공하는 활동입니다."라고 교수는 답했다.

마케팅과 '판매'는 다르다

🟢 **마케팅이란?**

마케팅이란 사람들이 원하는 제품이나 서비스를 제공하는 활동이며, 판매는 마케팅의 한 영역에 불과하다.

교수의 설명은 계속됐다. "마케팅의 아버지라 불리는 필립 코틀러 박사는, 마케팅이란 개인과 집단이 제품 및 가치 창조, 교환을 통해 니즈(need)와 원츠(want)를 충족시키는 사회적·관리적 과정이라고 정의합니다. 니즈란 인간이 생활하는 데 필요한 무언가가 없거나 모자란 상태를 말하며, 원츠란 특정한 물건이나 서비스를 원하는 욕구입니다. 즉 사람에게 필요하지만 결핍된 것, 또는 사람들이 원하는 재화나 용역을 파악해 제공하는 활동이 마케팅인 것이지요."

필립 코틀러와 피터 드러커

●코틀러의 마케팅 이론

가치 창조와 교환을 통해 니즈와 원츠를 충족시키는 과정

필립 코틀러
Philip Kotler, 1931~

미국의 경영학자, 마케팅 학자. '마케팅의 아버지'라 불리며 여러 마케팅 이론을 정립했다.

치료합시다 / 화이트닝 합시다 / 이가 아파! / 치아가 하앴으면 좋겠어

니즈 결핍 상태 **원츠** 제품/서비스를 원하는 욕구

마케팅은 니즈와 원츠를 충족시키는 활동이다

●드러커가 제창한 '기업의 가치'

기업의 목적은 고객 창출이며 이를 위해서는 혁신과 마케팅이 중요하다

피터 드러커
Peter Ferdinand rucker, 1909~2005

오스트리아 출신의 미국 경영학자, 경영 컨설턴트, 사회사상가. '경영학의 아버지'라 불린다.

이게 필요했죠? / 이번에 새로 만든 건데 어때요? / 내 맘을 어떻게 알았지? / 우와, 이런 경험 처음이야!

마케팅
고객의 욕구를 파악해 그들이 원하는 것을 만듦으로써 제품이나 서비스가 저절로 팔리게 한다.

혁신
'여태껏 없었던 고객의 욕구'를 창출해 새로운 행동과 가치를 이끌어냄으로써 시장과 사회에 변화를 일으킨다.

11

02 ? 마케팅은 왜 생겼을까?

마케팅은 누가 언제 고안했고 어떻게 세상에 나왔을까?

강의를 듣던 중 마리 씨는 마케팅이라는 학문이 어떻게 세상에 나오게 됐는지 궁금해졌다. 교수는 "마케팅은 20세기 초 미국에서 탄생했다고 여겨집니다. 철도와 통신망의 발달로 미국 전역이 하나의 시장으로 연결되면서, 판매 네트워크 정비 등 '시장 판매를 위한 방법론'의 필요성이 대두됐는데 이때부터 마케팅이라는 용어가 쓰이기 시작했지요."

마케팅 이론의 원조

마케팅 개념은 20세기 초 미국에서 시작됐다. 특히 쇼와 버틀러 두 사람은 이 분야의 선구자로 유명하다.

수요 창출을 위해서는 시장을 분석해야 해.

아치 쇼
Arch W. Shaw, 1876~1962

사무설비회사 경영자이자 연구자로 기업 마케팅 이론의 창시자다. 1912년에 발표한 논문 <시장유통에서 나타나는 문제들>이 그 효시가 됐다.

R. S. 버틀러
Ralph Starr Butler, 1882~1971

원래 P&G프록터&갬블의 직원이었다. 미국에서 19세기 말부터 20세기 초에 걸쳐 새롭게 대두된 마케팅 실천을 이론화했다.

시장 연구는 상품 연구만큼이나 중요해.

'마케팅'의 기원은 일본 최초의 백화점 미쓰코시三越의 전신인 '미쓰이에치고야三井越後屋 포목점'(에치고야越後屋)이랍니다.

피터 드러커 저 《매니지먼트》에서 인용

교수는 말을 이었다. "마케팅의 원조라 불리는 사람이 아치 쇼입니다. 1912년에 발표한 논문에서 〈시장 등고선〉 개념을 제시하며 시장의 수요 창출을 위해서는 시장 분석이 필요하다고 역설했습니다. 또 R. S. 버틀러도 마케팅 여명기의 중심 인물입니다. 1910년 마케팅 교재를 만들기 시작했고 위스콘신 대학에서 동명의 강좌를 열었습니다."

마케팅의 탄생 배경

마케팅은 19세기 후반에서 20세기 초, 미국 철도·통신망의 비약적인 발달로 시장이 확대되면서 생겨난 학문이다.

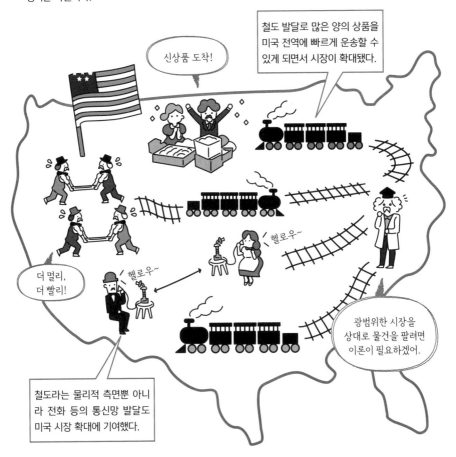

신상품 도착!

철도 발달로 많은 양의 상품을 미국 전역에 빠르게 운송할 수 있게 되면서 시장이 확대됐다.

헬로우~

헬로우~

더 멀리, 더 빨리!

광범위한 시장을 상대로 물건을 팔려면 이론이 필요하겠어.

철도라는 물리적 측면뿐 아니라 전화 등의 통신망 발달도 미국 시장 확대에 기여했다.

03 마케팅 대상은 누구?

마케팅이란 누구를 대상으로 이루어지는 활동일까?
그리고 왜 대상을 정해야 하는 걸까?

학생 하나가 교수에게 "마케팅의 대상은 누구인가요?"라고 질문했다. 교수는 다음과 같이 대답했다. "필립 코틀러의 책에 마케팅 대상에 관해 설명이 있습니다. '마케팅 1.0'에서는 대중 시장(모든 일반 대중), '마케팅 2.0'에서는 각각의 소비자, '마케팅 3.0'에서는 제품/서비스에 기능적·감정적 만족뿐 아니라 사회공헌과 같은 가치 충족을 기대하는 소비자, 라고 설명하고 있습니다."

마케팅 1.0~4.0이란?

마케팅 1.0
제품 중심의 마케팅. 기업은 대중 시장(일반 대중)을 대상으로 되도록 싸고 품질 좋은 제품을 제공하고자 TV 등의 대중매체를 통해 일방적으로 홍보 활동을 펼쳤다.

마케팅 2.0
고객 지향 마케팅. 상품과 정보가 이미 충분한 상태에서 기업은 소비자 개개인의 '마음'을 사로잡기 위해 쌍방향 커뮤니케이션 전략을 폈다.

교수는 덧붙였다. "또 코틀러는 2014년에 다음 단계인 '마케팅 4.0'을 제창했습니다. IT 시대가 되면서 더욱 존재감을 드러내고 싶어 하는 개개인의 욕구에 부응하려면, 기업도 초점을 고객의 자아실현 욕구 해소에 맞추고 마케팅을 전개해야 한다고 주장했습니다. 사회공헌에서 자아실현으로, 마케팅 대상은 시대 변화와 함께 계속 확대되는 중입니다."

마케팅 4.0
기업이 제품/서비스를 제공하는 과정에서 소비자 개개인이 '꿈꾸는' 자아실현 욕구를 자극하는 마케팅

당신의 꿈을 응원합니다.

우리도 당신과 같은 꿈을 꿉니다.

당신의 비전에 저희가 함께 합니다.

공장을 이전하면서 녹지 공원을 정비했습니다.

환경을 생각해 나무로 만든 제품이에요.

마을 사람들의 쉼터가 생겼네요.

꼭 써보고 싶어요.

사회 공헌에 힘쓰는 기업이 되는 것이 저희 회사 비전입니다.

마케팅 3.0
소비 활동과 사회공헌을 동시에 실현해 정신적 만족감을 느끼기 원하는 소비자의 마음을 공략한 마케팅이다.

소비자의 한 사람으로서 응원합니다.

15

04 ? 마케팅의 중요 요소는?

마케팅 전략에서 가장 중요한 요소는 무엇일까?
실전에 앞서 확실히 알아두자.

마케팅이 무엇인지 대략 감이 잡힌 마리 씨는 교수에게 "마케팅에서 가장 중요한 요소는 무엇인가요?"라는 질문을 던졌다. 교수는 "고객의 욕구에 맞는 제품과 서비스를 만들어 목표 타깃층의 구매를 유도하고, 고객과의 신뢰 쌓기에 힘써 반복구매자 수를 늘리며, 나아가 입소문을 통해 주변의 추가 구매를 유발시키는 것이죠."라고 답했다.

일반적인 마케팅의 흐름

소비자에게 새로운 제품/서비스를 인지시켜 구입에 이르게 하는 이상적인 마케팅 흐름은 보통 다음과 같다.

②고객 요구에 맞는 제품/서비스 개발
고객 입장에서 제품/서비스를 개발·창조한다.

완성!

평소 이 제품을 자주 쓰세요?

네, 언제나 이것만 써요.

수고했어!

①고객 요구 파악
고객 인터뷰와 시장 조사로 고객이 무엇을 원하는지 찾는다.

이어 마리 씨는 "그럼 고객의 욕구는 어떻게 파악하나요?"라고 물었다. "고객의 욕구 파악을 위해서는 고객 인터뷰와 시장 조사가 중요합니다. 사람이 하루 24시간 동안 무엇을 보는지, 더 구체적으로는 타깃의 흥미를 끌기 위해 무엇을 해야 할지를 고민해야겠지요. 내가 소비자라면 어떨까, 하고 늘 고객 입장에서 인간의 심리를 읽으려는 노력이 중요합니다."라고 교수는 답했다.

④신뢰를 쌓아
반복 구매 유도
고객과 좋은 관계를 유지해 반복
구매하도록 만드는 것이 중요하다.

또 사야지!

구입해 주셔서
감사합니다.

이 제품 좋더라.
한 번 써봐.

그래?

③타깃층에게 전달
광고·판매 활동을 통해 소비자에게
새로운 제품·서비스를 전한다.

⑤제품/서비스의
장점을 주위
사람들에게 전파
신뢰가 쌓이면 구입자가 자
발적으로 적극 홍보해 준다.

고객 입장에서 생각하는 게
중요하구나.

17

05 IT 시대의 마케팅

IT 시대의 마케팅 혁신. '디자인 싱킹'이란 무엇일까?

마리 씨의 질문은 계속됐다. "요즘은 하루가 다르게 인터넷, SNS 등의 영향력이 커지고 있잖아요. 앞으로는 마케팅 분야도 IT가 대세인가요?" 교수가 답했다. "스마트폰과 소셜미디어 보급으로 친구가 추천하는 물건 등, 자신의 흥미 범주에 없었던 분야에까지 관심이 확대된 건 분명해요. 또 아직 표면화되지 않은, 숨어있는 수요를 찾아내는 일도 중요합니다."

니즈 '창출'도 중요

이제 마케팅은 니즈 파악뿐 아니라 새로운 니즈 창출도 중요하다.
'디자인 싱킹'은 최근 주목받고 있는 니즈 창출 기법이다.
유명한 iPod도 디자인 싱킹으로 탄생됐다.

Step 1 공감

테마 설정 후 개인의 행동 관찰, 인터뷰 등을 한다.

Step 2 문제 정의

Step 1의 결과에서 더 깊이 들어가 문제 자체를 설정(과제 정의)한다.

그렇다면…

그렇구나.
이럴 때는
저런 행동을
하는구나.

언제
불편하세요?

교수는 말을 이었다. "스티브 잡스가 남긴 명언 중 '사람들은 원하는 것을 보여주기 전까지 자신이 무엇을 원하는지 모른다'라는 말이 있습니다. 이 말의 배경에는 고객의 목소리에만 귀를 기울이던 기존의 마케팅 조사로는 0(제로)에서 1을 일구는 참신하고 획기적인 제품/서비스를 만들어낼 수 없다는 생각이 깔려 있어요. 디자인 싱킹(design thinking)은 기존 사고방식을 완전히 뒤엎는 제품 발상법으로 현재 세계 유수의 기업들이 주목하고 있습니다."

iPod는 35명의 사내외 개발자, 디자이너, 심리학자, 인공공학 전문가 등으로 이루어진 한 팀이 이 같은 과정을 거쳐 개발한 제품이랍니다.

시험해 보세요.

기대되는데요?

Step 3 아이디어 창출
팀원 간에 다양한 아이디어를 교환하며 콘셉트를 창조한다.

시제품 제1호!

이렇게 하자

저건 어때?

Step 5 검증
시제품으로 사용자 테스트를 반복해 검증한다.

Step 4 시제품 제작
검증(Step 5)을 위한 시제품을 만든다.

내 생각은 달라

06
?

상품 가치뿐 아니라 소비자 만족도도 중요

물건의 가치는 상대적이다. 소비자의 상황에 따라 물건의 가치도 변한다.

교수는 "같은 물건이라도 상황에 따라 가치가 변한다는 사실을 알고 있나요?"라고 물었다. 예를 들어 폭우가 쏟아지는데도 목이 말라 생수를 사러 가야 한다고 가정해 보자. 걸어서 10분 거리 편의점에서 1,000원 짜리 생수를 살지, 도보 1분 거리 가게에서 1,200원 짜리를 살지, 아니면 아파트 자동판매기에서 1,500원 짜리를 살지 결정해야 한다면 당신은 어떻게 하겠는가? 소요 시간과 폭우 속을 걸어가야 하는 노동 비용 등을 종합해 볼 때, 1,500원 짜리 생수가 가격은 조금 비싸도 가치는 더 높게 느껴질 수도 있다.

총가치-총비용=고객가치

고객가치는 상품 가치뿐 아니라 구입과 소비 행동 등도 반영한 소비자 만족도를 수치화해 나타낸다.

기대하던 신제품!

비가 쏟아지지만 사러 가자.

이거 실망인데?

총가치
상품 가치, 서비스 가치 외에 고객이 상품에 기대하는 모든 가치

총비용
금전, 노력, 시간 등 구입에 소요되는 수고와 시간 등의 비용 합계

고객가치
상품과 서비스에 얼마큼의 가치가 있는지 수치화한 것

"이처럼 물건의 가치는 상대적이에요. 필립 코틀러는 물건 자체의 가치뿐 아니라 구입·소비활동도 반영한 소비자 만족도를 수치화했는데, 이것이 바로 '고객가치'입니다. 구체적으로는 '총가치' − '총비용' = '고객가치'로 나타낼 수 있습니다. 총가치란 고객이 제품 또는 서비스에 기대하는 종합적 가치이고, 총비용이란 상품 대금과 구입에 소요되는 시간·수고 등의 비용을 합한 것입니다."

네 개 가치와 네 개 비용

● 총가치

상품 가치	서비스 가치	종업원 가치	이미지 가치

상품 자체의 신뢰성, 기능, 디자인, 희소성 등	상품에 딸린 보수·관리, 기타 서비스 등	종업원 한 명 한 명의 접객 태도나 정신적인 보조 등	기업 본래의 이미지, 브랜드나 상품 이미지 등

● 총비용

금전 비용	시간 비용	노력 비용	심리 비용

상품 자체 가격 외에 유지비, 배송·운송비 등	물건이 손에 들어오기까지의 시간, 교섭 시간, 사용법 터득에 걸리는 시간 등	구입 수속, 운반에 드는 수고, 상품을 찾는 노력 등	첫 구매에 동반되는 불안, 돈을 지불할 때의 스트레스 등

기업의
존재 이유

피터 드러커는 '기업의 목적은 이익이 아니다'라고 말했다. 그렇다면 기업의 존재 이유는 무엇일까? 물론 기업 활동을 유지하려면 이익이 필요하겠지만 기업의 최종 목적은 사회 발전이다.

회사 경영자는 회사의 미래상(비전)과 누구에게 무엇을 제공하며 어떤 사명이 있는가(미션)를 구체적으로 제시한 경영 이념을 세워야 한다.

경영 이념을 정했다면 다음은 어느 사업 영역에서 경영 이념을 실현할 것인지 '경영 전략'을 세운다.

경영 전략이란 경영 이념인 미션과 비전에 기초해 타사와의 경쟁에서 어떻게 우위를 차지할 것이며, 장기적 성공을 위해 무엇을 할 것인가를 결정하는 활동으로, 주요 경영 전략론에는 '전략계획학파' '창발전략학파' '포지셔닝학파' '자원기반관점' '게임이론적 접근'의 다섯 가지가 있다. 명확한 경영 전략을 세워야 '어떻게 매출을 올려 이익을 창출할 것인가'라는 사업 활동 구조(비즈니스모델)를 정할 수 있다.

chapter.02

마케팅의
기본

마리 씨는 지난주 강의에서 마케팅이란 무엇인지
대략적인 내용을 훑었다.
오늘 강의에서는 마케팅의 기본이 되는
전략과 분석에 대해 공부한다고 한다.

01 타깃 선정이 가장 중요하다

마케팅은 타깃이 중요하다. 타깃층을 좁히는 작업은 어떤 의미가 있을까?

마리 씨는 교수에게 "마케팅에서 중요한 게 뭐예요?"라고 물었다. 교수의 대답은 이러했다. "타깃 선정, 즉 STP입니다. 먼저 시장세분화(구분) 단계에서 시장을 연령, 성별, 지역, 구매 행동 등 다양한 속성으로 분류합니다. 중요한 점은 니즈가 같은 고객끼리 세세히 분류해 자사에게 유의미한 고객층을 특정 하는 일입니다. 다시 말해 니즈가 동일하면 나눌 필요가 없다는 말이지요."

STP란?

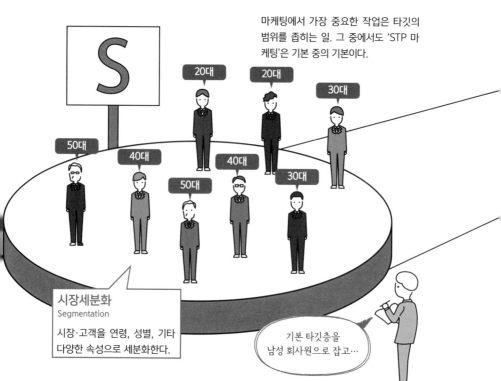

마케팅에서 가장 중요한 작업은 타깃의 범위를 좁히는 일. 그 중에서도 'STP 마케팅'은 기본 중의 기본이다.

시장세분화
Segmentation
시장·고객을 연령, 성별, 기타 다양한 속성으로 세분화한다.

기본 타깃층을 남성 회사원으로 잡고…

또 교수는 말했다. "다음으로 할 일은 타겟팅입니다. 한정된 경영 자원을 유효하고 효과적으로 사용하기 위해 세분화된 시장 가운데 어느 집단을 공략할지를 정합니다. 마지막으로 자사의 제품/서비스에 어떤 가치와 이점을 제공해 경쟁사와 어떻게 차별화할 것인지를 정하는 포지셔닝 작업을 합니다. 타깃 고객의 뇌리에 강렬한 인상을 남기려면 상품의 어떤 매력을 부각시켜야 할지, 고객이 어떤 인상을 받기를 원하는지 명확히 합니다."

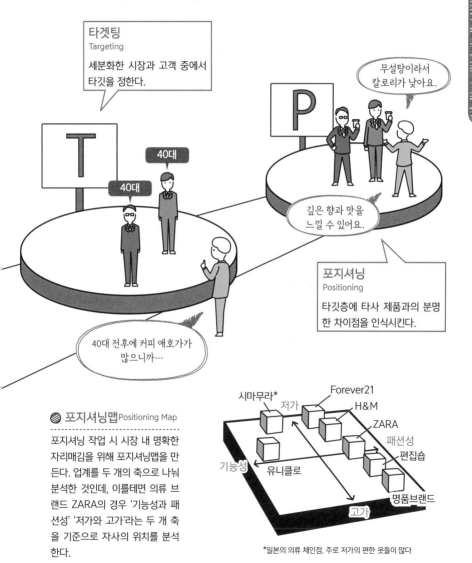

타겟팅
Targeting

세분화한 시장과 고객 중에서 타깃을 정한다.

무설탕이라서 칼로리가 낮아요.

40대

40대

깊은 향과 맛을 느낄 수 있어요.

포지셔닝
Positioning

타깃층에 타사 제품과의 분명한 차이점을 인식시킨다.

40대 전후에 커피 애호가가 많으니까…

🌀 포지셔닝맵 Positioning Map

포지셔닝 작업 시 시장 내 명확한 자리매김을 위해 포지셔닝맵을 만든다. 업계를 두 개의 축으로 나눠 분석한 것인데, 이를테면 의류 브랜드 ZARA의 경우 '기능성과 패션성' '저가와 고가'라는 두 개 축을 기준으로 자사의 위치를 분석한다.

시마무라*
저가
Forever21
H&M
ZARA
패션성
편집숍
기능성
유니클로
명품브랜드
고가

*일본의 의류 체인점. 주로 저가의 편한 옷들이 많다

25

02 마케팅의 4P

타깃층에 접근하기 위해 필요한 4P.
4P를 어떻게 배합하느냐가 마케팅 성패를 좌우한다.

교수가 말했다. "마케팅 믹스(Marketing Mix), MM라는 말을 들어 본 적 있나요? 마케팅 믹스는 타깃층이 소비행동을 일으키도록 마케팅의 네 가지 요소를 균형 있게 디자인하는 작업을 말합니다. 네 가지 요소란 제품(Product, 무엇을 팔 것인가), 가격(Price, 얼마에 팔 것인가), 유통(Place, 어디서 팔 것인가), 프로모션(Promotion, 어떻게 알릴 것인가)이고, 4P라고 부릅니다."

4P(MM)란?

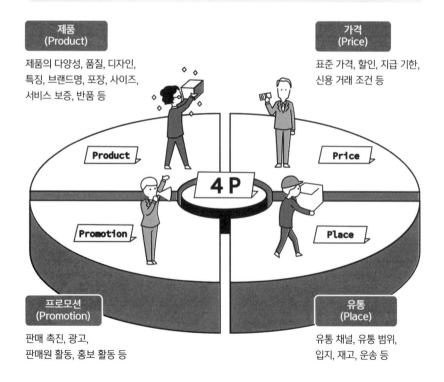

제품 (Product)
제품의 다양성, 품질, 디자인, 특징, 브랜드명, 포장, 사이즈, 서비스 보증, 반품 등

가격 (Price)
표준 가격, 할인, 지급 기한, 신용 거래 조건 등

프로모션 (Promotion)
판매 촉진, 광고, 판매원 활동, 홍보 활동 등

유통 (Place)
유통 채널, 유통 범위, 입지, 재고, 운송 등

"마케팅 믹스는 1950년 경 닐 보든(Neil Borden)이, 4P는 1960년에 에드먼드 제롬 맥카시(Edmund Jerome McCarthy)가 제창한 이론입니다. 4P는 중요한 프레임워크인데 STP(24쪽)가 끝난 다음에 합니다. 왜냐면 타깃과 포지셔닝이 변하면 4P도 변하기 때문이지요. 또 4P는 어디까지나 판매자 시점이기 때문에 소비자 시점에서 본 4C로 생각해야 한다는 의견도 있습니다."

소비자의 시선을 중시한 '4C'

'4P'는 판매자 입장의 사고법이라서 소비자 입장에 더 가까운 '4C'로 생각해야 한다는 의견도 있다.

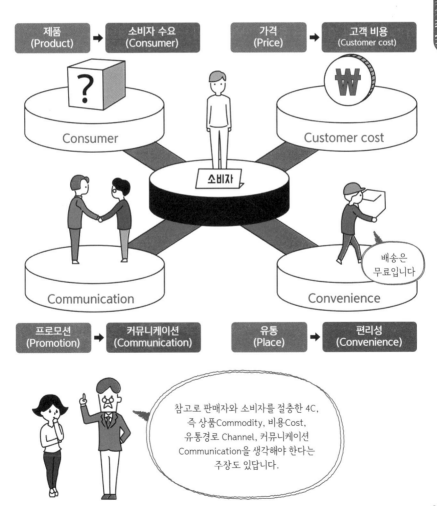

제품 (Product) ➡ 소비자 수요 (Consumer)

가격 (Price) ➡ 고객 비용 (Customer cost)

Consumer

Customer cost

소비자

Communication

Convenience

배송은 무료입니다

프로모션 (Promotion) ➡ 커뮤니케이션 (Communication)

유통 (Place) ➡ 편리성 (Convenience)

참고로 판매자와 소비자를 절충한 4C, 즉 상품Commodity, 비용Cost, 유통경로 Channel, 커뮤니케이션 Communication을 생각해야 한다는 주장도 있답니다.

03 마케팅 프로세스 5단계

마케팅에서 전략은 필수다.
전략을 수립하는 과정을 살펴보자.

교수는 이어 설명했다. "마케팅 전략 수립은 '누구에게 무엇을 어디서 얼마에 어떻게 팔 것인가'를 명확히 하는 것입니다. ①리서치(R) ②타깃 선정(STP)(24쪽) ③마케팅 믹스(MM, 4P)(P26) ④마케팅 전략의 목표 설정과 실시(I) ⑤모니터링 관리(C), 이 다섯 단계를 결정하는 활동을 마케팅 전략 수립이라고 합니다."

코틀러가 제창한 R·STP·MM·I·C

마케팅 전략은 '누구에게 무엇을 어디서 얼마에 어떻게 팔 것인가'를 명확히 해 경영 전략에 기초해 수립한다.

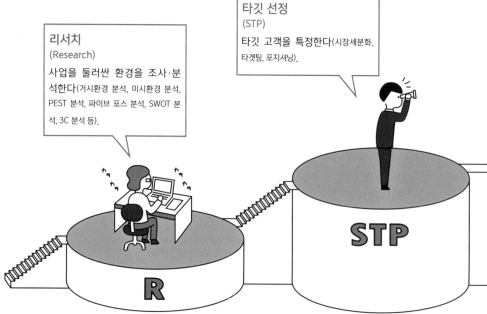

리서치
(Research)
사업을 둘러싼 환경을 조사·분석한다(거시환경 분석, 미시환경 분석, PEST 분석, 파이브 포스 분석, SWOT 분석, 3C 분석 등).

타깃 선정
(STP)
타깃 고객을 특정한다(시장세분화, 타겟팅, 포지셔닝).

"필립 코틀러는 이 다섯 단계를 마케팅 매니지먼트 프로세스라고 부릅니다. 이 순서 중 하나라도 빠지면 효과가 없습니다. 예컨대 리서치(R) 없이 타깃 특정으로 넘어가면 고정관념과 희망적 관측에 빠져 잘못된 시장을 선택하는 오류를 범할 수 있습니다. 따라서 마케팅 매니지먼트 프로세스 전체를 빠짐없이 실행하는 일이 중요합니다."

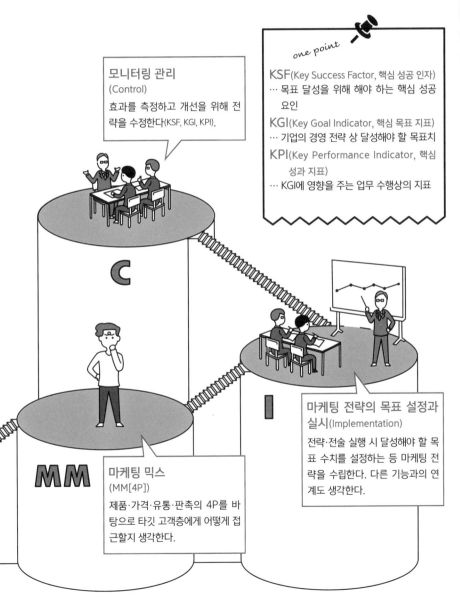

모니터링 관리
(Control)
효과를 측정하고 개선을 위해 전략을 수정한다(KSF, KGI, KPI).

one point

KSF(Key Success Factor, 핵심 성공 인자)
… 목표 달성을 위해 해야 하는 핵심 성공 요인
KGI(Key Goal Indicator, 핵심 목표 지표)
… 기업의 경영 전략 상 달성해야 할 목표치
KPI(Key Performance Indicator, 핵심 성과 지표)
… KGI에 영향을 주는 업무 수행상의 지표

C

마케팅 전략의 목표 설정과 실시(Implementation)
전략·전술 실행 시 달성해야 할 목표 수치를 설정하는 등 마케팅 전략을 수립한다. 다른 기능과의 연계도 생각한다.

MM

마케팅 믹스
(MM[4P])
제품·가격·유통·판촉의 4P를 바탕으로 타깃 고객층에게 어떻게 접근할지 생각한다.

04 시장 내 위치를 파악한다

'외부 분석'과 '내부 분석'으로 시장에서 자사가 어느 위치에 있는지를
파악하면 효과적인 전략을 수립할 수 있다.

마리 씨가 교수에게 "전략을 수립할 때 가장 먼저 해야 할 일은 뭔가요?"라고 질
문했다. 교수가 답했다. "자사가 처한 현 상황을 정확히 파악하고 분석하는 일부
터 해야 합니다. 기업에 따라 검토 사항은 다르지만 예를 들면 환율이나 원자재
폭등, 법률 개정 등 기업 전략을 좌우하는 요소가 많습니다. 현황 분석 방법은 크
게 나눠 외부 분석과 내부 분석이 있습니다."

기업의 전략을 좌우하는 요소들

기업의 상황은 외부 다양한 요인의 영향을 받아 수시로 변화한다.

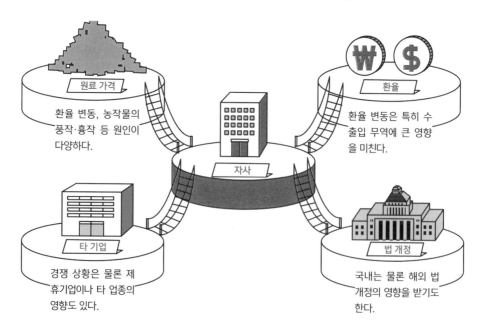

원료 가격
환율 변동, 농작물의
풍작·흉작 등 원인이
다양하다.

환율
환율 변동은 특히 수
출입 무역에 큰 영향
을 미친다.

자사

타 기업
경쟁 상황은 물론 제
휴기업이나 타 업종의
영향도 있다.

법 개정
국내는 물론 해외 법
개정의 영향을 받기도
한다.

외부 분석이란, 회사 사업에 영향을 주는 외부 요인과 관련된 분석이다. 인구나 정치, 경제, 환경, 기술, 문화 등의 거시환경과, 시장 동향 같은 미시 환경을 들 수 있다. 한편 내부 분석은 영업 능력과 상품 개발 능력 등 자사의 강점과 약점, 자본과 인재 유무 등 사내 요인과 관련된 분석이다. 분석을 할 때는 항상 자사 전략에 영향을 주는 요인인지 따져본 뒤 검토한다.

외부 분석과 내부 분석이란?

외부 분석과 내부 분석에는 주로 아래 방법이 사용된다. 기업에 따라 검토 사항이 다르기 때문에 자사 전략에 영향을 미치는 요인인지 아닌지 생각하며 분석한다.

주로 VRIO 분석*을 사용해 여러 각도에서 자사의 강점과 약점, 경영 상황과 자금·인재 유무 등 사내 요인과 관련된 분석을 한다.

내부 분석

외부 분석

SWOT 분석(36쪽)과 3C 분석(32쪽)은 내부 환경과 외부 환경 모두를 분석하는 데 사용된다.

외부와 내부 환경 분석이 끝나면 결과를 토대로 사업 성공을 위한 포인트=KSFKey Success Factor를 도출하는 과정이 반드시 필요해요.

주로 PEST 분석(34쪽)을 사용해 세계적인 변화, 즉 '거시환경'과 시장 동향, 그리고 기업 주변의 '미시환경' 등을 분석한다.

*VRIO 분석…기업이 어떤 경영 자원을 가지고 있는지, 또 그것을 활용할 능력이 있는지를 가치Value, 희소성Rarlity, 모방가능성Imitability, 조직 체제Organization의 네 가지 관점에서 분석하는 방법

05 회사 상황을 세 가지 관점에서 분석

기업의 상태를 분석하는 일은 사업의 성패를 좌우할 만큼 중요하다.
자사의 '강점'과 '약점'을 정확히 파악해 보자.

한 학생이 교수에게 "자신의 회사가 어떤 상황인지 분석하는 방법이 있나요?"라고 물었다. 교수가 답했다. "시장·고객(Customer), 경쟁(Competitor), 자사(Company) 세 관점에서 자사의 현 상황을 분석하는 3C 분석이라는 프레임워크가 있어요. 시장·고객과 경쟁이 외부 분석, 자사가 내부 분석의 대상이며, 밖에서 안으로, 시장·고객, 경쟁, 자사 순으로 분석합니다."

3C 분석이란?

3C 분석은 자사의 현 상황을 '시장·고객' '경쟁' '자사'라는 세 시점에서 분석한다. 아래는 한 기업이 캔 커피 시장 진출을 앞두고 3C 분석을 적용한 이미지이다.

주 고객층은
20~30대 회사원

니즈는 업무 중간에
취하는 잠깐의 휴식 시간,
달지 않은 저칼로리 음료

시장·고객(Customer)
캔 커피 사업의 시장 규모, 시장 성장성, 구매 결정자, 구매 행동에 영향을 미치는 요인(가격, 품질, 디자인, 브랜드 등) 등을 분석해 어떤 고객이 있는지를 파악한다.

24

24

Customer

◉ '4C'
3C에 타사와의 제휴를 의식하고자 '협력업체 Cooperator'를 추가해 4C로 분석하기도 한다.

32

교수가 설명을 이어갔다. "시장·고객으로 사업의 잠재고객을 파악하고, 경쟁으로 자사 사업과 경쟁 구도에 있는 기업을 분석합니다. 그리고 마지막으로 자사의 강점과 약점, 현재의 전략, 업적, 경제 자원의 유무를 분석합니다. 분석 결과를 토대로 시장의 변화와 함께 성공 요인이 어떻게 변하고 있는지, 앞으로 동종 업계에서 성공하려면 무엇을 해야 하는지 등을 생각해 보면 좋겠지요."

경쟁(Competitor)
캔 커피 사업의 경쟁사 수, 진입 장벽 높이, 타사의 강점·약점, 타사의 전략·업적(매출, 수익성, 시장점유율 등)·경영 자원(생산 능력, 인재 등) 등을 분석한다.

A사, B사가 시장점유율 60퍼센트를 차지하는 과점 상태, 3위 그룹은 C사와 D사

A사의 강점은 맛, 약점은 디자인. B사의 강점은 두터운 팬 층, 약점은 젊은 고객이 적다는 것

A사의 특징은 TV 광고 덕분에 인지도가 월등히 높다는 점. B사의 특징은 고급스러운 이미지

Competitor

자사의 장점은 커피 체인점 경영으로 쌓은 브랜드 경쟁력, 세련된 느낌. 약점은 음료 시장 내의 낮은 점유율.

A사, B사가 모두 취약한 20~34세 연령층을 공략할 수 있다

대규모 광고·홍보로 인지도를 높이고 브랜딩하는 게 과연 효과적일까?

자사(Company)
'시장·고객' '경쟁'의 분석 결과를 토대로 현재 자사가 실행 중인 전략을 분석한다.

Company

33

06 변화를 분석해 미래를 예측한다

회사를 둘러싼 사회의 변화는 회사 경영에 변수로 작용한다.
사회 변화를 분석해 미래를 예측하는 방법이 있을까?

교수가 말했다. "PEST 분석은 사업을 둘러싼 외부 거시환경을 네 가지 기준으로 분석하는 방법입니다. P는 정치(Politics), E는 경제(Economics), S는 사회(Society), T는 기술(Technology)을 가리킵니다. 사회에서 자연이나 에너지 등의 환경적 요인인 (Ecology)를 따로 떼어 PESTE라고 하기도 합니다. 두 분석 모두 사회 변화가 자사 경영에 미치는 영향을 분석하기 위한 도구입니다."

PEST 분석이란?

PEST 분석으로 네 가지 사항을 기술할 때는 현황뿐 아니라
3~5년 후까지 예측해 분석하는 것이 중요하다.

경제(Economics)
경기나 물가 동향, GDP 성장률, 환율과 금리, 평균 소득 수준 등

정치(Politics)
비즈니스와 관련된 법률 규제나 완화, 국내외 정치 동향 등

이 업계에서 성공하려면?

P

E

S

T

사회(Society)
인구 동향이나 환경, 유행, 라이프스타일, 문화 변천 등

기술(Technology)
비즈니스에 영향을 미치는 새로운 기술 개발이나 완성, 투자 동향 등

"정치는 각종 정책과 법규, 규제 완화와 강화, 환경, 외교 등입니다. 경제는 경기 동향, 물가 변동, GDP국내총생산 성장률, 금리, 실업률, 평균소득수준 등이고요. 사회는 인구 동향, 환경, 라이프스타일·문화 변천, 교육, 여론 등이며, 기술은 신기술의 개발 및 완성, 신기술 투자 동향 등입니다. 이러한 요소를 기준으로 분석하되, 자사에 영향을 주지 않는 요소는 사회적으로 중요한 사항이라고 해도 기재할 필요가 없습니다."

PESTE 분석을 사용한 리스크 평가 맵

PESTE 분석을 할 때 아래 그림처럼 '리스크 평가 맵'을 작성하면 먼저 처리해야 할 요소가 드러난다.

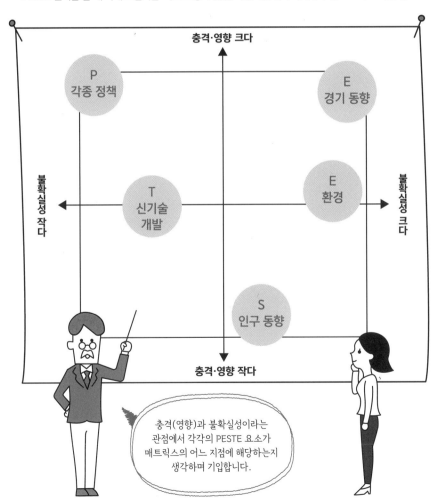

07 네 가지 요인으로 기업 상태를 파악한다

자사 현황 파악은 물론이고 전략 수립에도 도움이 되는
프레임워크에 대해 알아보자.

교수의 설명은 계속됐다. "SWOT 분석은 회사 사업을 둘러싼 내부 환경과 외부 환경을 분석하는 프레임워크입니다. 내부 요인인 강점(Strength), 약점(Weakness)과, 외부 요인인 기회(Opportunity), 위협(Threat), 이렇게 총 네 개 요인을 분석합니다. 먼저 강점, 약점, 기회, 위협으로 이루어진 틀을 작성해 기회, 위협, 강점, 약점 순으로 기입합니다. 각 구획을 메워가다 보면 자사 상황이 일목요연해집니다."

SWOT 분석이란?

SWOT 분석은, 기업의 내부 환경과 외부 환경인 강점Strength, 약점Weakness, 기회Opportunity, 위협Threat의 요인을 규정하고 이를 토대로 자사 경영전략을 수립하는 기법이다. 기회와 위협은 2~3년 후까지 예측해 작성하도록 한다.

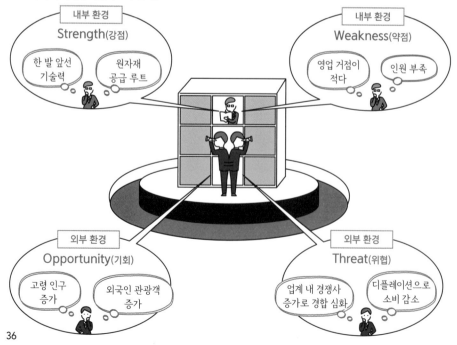

"SWOT 분석에서 중요한 점은 SWOT 각각의 사실에 기업이 어떻게 대응할지를 정하는 일입니다. 이를 위해 분석이 끝난 다음에는 크로스 SWOT 분석을 해야 합니다. SWOT 분석에서 도출한 네 요인을 '기회×강점' '기회×약점' '위협×강점' '위협×약점'과 같은 식으로 절충해 생각하다보면, 단순한 현황 분석에 그치지 않고 구체적인 마케팅 전략을 수립하는 데 활용할 수 있습니다."

크로스 SWOT 사례

크로스 SWOT 분석은 SWOT 분석에서 도출한 네 요인을 기회×강점, 기회×약점, 위협×강점, 위협×약점으로 절충해 생각하는 작업이다. 레스토랑 분석을 예로 들어보자.

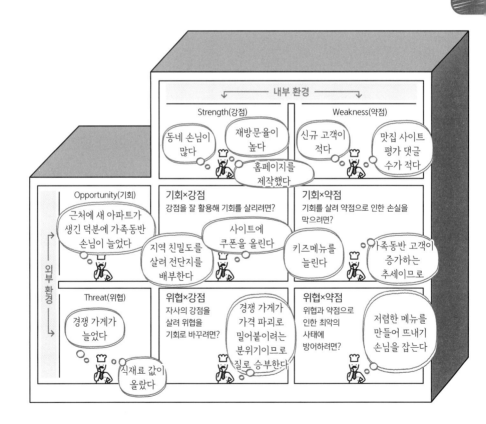

08 업계 경쟁 상태를 분석한다

신규 진입을 고려 중이라면 업계 경쟁 상황을 반드시 파악해야 한다.
경쟁 상황은 어떻게 분석할까?

또 다른 학생이 "업계 경쟁 상황 등을 분석하는 방법이 있나요?"라고 질문했다.
"마이클 포터(Michael Porter)가 고안한 파이브 포스(Five Force, 다섯 가지 힘) 분석이 업계
분석 프레임워크로 유명합니다. 포터는 이익을 내느냐 못 내느냐는 어느 업계에
진출하느냐가 크게 좌우하며 시장과 경쟁을 분석해 수익 전망이 큰 업계를 선택
해야 한다는 사고법에 기초해 파이브 포스 분석을 고안했습니다."라고 교수가 답
했다.

파이브 포스 분석이란?

파이브 포스 분석은 신규 사업 참여,
기존 사업 철수 등을 판단할 때 유용하다.

더 좋은 상품이
없을까?

② 구매자와의 교섭력
구매자란 최종 소비자나 소매점 등의 판매업
자를 말한다. 이를테면 구매자가 동종 업계의
타사 제품으로 전환하는 데 드는 비용이 낮으
면 구매자 교섭력이 높아 이익 창출이 어렵다.

④ 대체품의 위협
가령 대체품(자사 제품과 동일한 니즈를 만족시키
는 타사 제품)의 성능이나 품질이 뒤처지면 대
체품 위협이 감소해 이익 창출이 수월하다.

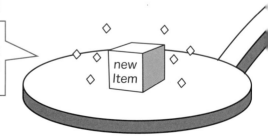

new
Item

파이브 포스 분석에 따르면 업계 경쟁 상황을 결정하는 요인은 다섯 가지인데, 기존 기업 간 경쟁, 구매자와의 교섭력, 공급자와의 교섭력, 대체재의 위협, 잠재적 진입 위협이다. 어떤 요인이 영향을 미칠지는 업계에 따라 다르다. 영향을 주는 중요 요인을 찾으면 소속 업계 상태를 정확히 이해할 수 있고, 무엇을 조절해야 경쟁이 완화되고 이익이 극대화되는지 방안도 모색할 수 있다.

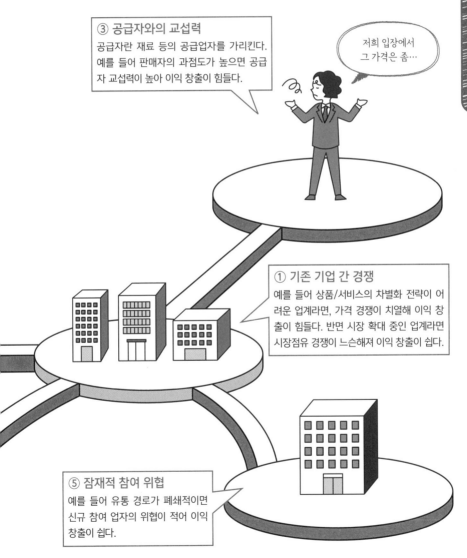

③ 공급자와의 교섭력
공급자란 재료 등의 공급업자를 가리킨다. 예를 들어 판매자의 과점도가 높으면 공급자 교섭력이 높아 이익 창출이 힘들다.

저희 입장에서 그 가격은 좀…

① 기존 기업 간 경쟁
예를 들어 상품/서비스의 차별화 전략이 어려운 업계라면, 가격 경쟁이 치열해 이익 창출이 힘들다. 반면 시장 확대 중인 업계라면 시장점유 경쟁이 느슨해져 이익 창출이 쉽다.

⑤ 잠재적 참여 위협
예를 들어 유통 경로가 폐쇄적이면 신규 참여 업자의 위협이 적어 이익 창출이 쉽다.

09 적을 알아야 나를 안다

자사의 강점이 무언지 알려면 경쟁사와의 비교가 제일이다.
또 약점도 알아야 고칠 수 있다.

마지막으로 마리 씨는 장래 꽃집 경영을 염두에 두고 경쟁사와 자신의 가게를 분석하는 방법에 대해 물었다. 교수는 답했다. "마이클 포터가 1970년대에 제창한 가치 사슬(Value Chain) 분석이라는 프레임워크를 사용하면 회사 사업 활동을 기능별로 분류해 어디에서 부가가치가 나오는지를 분석할 수 있어요. 다시 말해 어느 활동이 자사의 강점인지 도출하는 방법인 것이죠."

가치 사슬 분석이란?

포터가 제창한 가치 사슬 분석이란,
기업의 사업 활동을 주요 활동과 지원 활동으로
나눠 생각하는 방법이다.

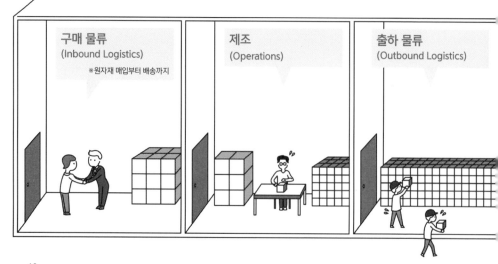

구매 물류
(Inbound Logistics)
※원자재 매입부터 배송까지

제조
(Operations)

출하 물류
(Outbound Logistics)

교수는 설명을 이어갔다. "먼저 사업 활동을 주요 활동과 지원 활동으로 나눕니다. 자사뿐 아니라 경쟁사 활동도 똑같이 나눠 양쪽을 비교하면 자사의 강점·약점이 눈에 보이고, 기업 전략 수립에도 도움이 됩니다. 기업 전략을 세울 때는 포터의 세 가지 기본 전략을 사용하는데, 비용, 차별화, 집중 세 가지 기본 전략 중 하나를 선택한 다음 어느 기능이 부가가치를 창출하는지를 생각하면 됩니다."

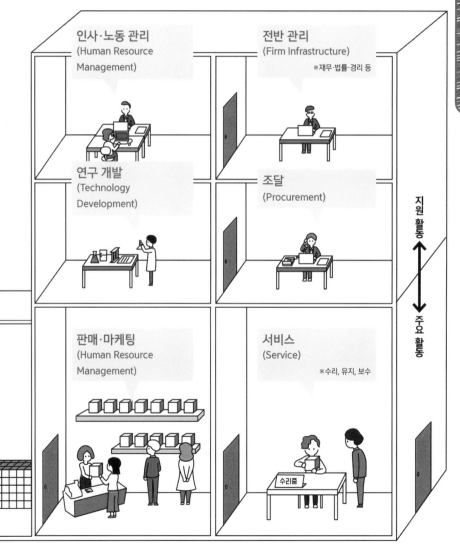

정보를 정리하는
프레임워크 활용

기업이 정보 등을 정리하기 위해 사용하는 틀을 '프레임워크'라고 한다. 프레임워크는 수학 문제를 풀 때 사용하는 공식과 같다고 보면 된다. 그러나 프레임워크 중에는 시대 흐름과 함께 퇴색돼 유연한 발상을 방해하는 것도 있다. 사라지지 않고 지금까지 남아있는 프레임워크는 오랜 세월에 걸쳐 유효성이 입증된 도구들이므로 효과적으로 활용하도록 하자.

'프레임워크'에는 자사 현황을 분석할 때 사용하는 SWOT 분석과 3C 분석, 업계 전체를 둘러싼 환경에 관한 정보를 정리하고자 할 때 유용한 PEST 분석 등 종류가 다양하다. 또 같은 정보 정리라 하더라도 어떤 관점에서 정리할지가 관건인데, 이럴 때 '프레임워크'를 참고하면 된다. 나아가 정리된 정보에서 무엇을 배워 어떻게 실행으로 옮기느냐가 중요하다.

각각의 관점에서 정보를 분석·검토한 뒤 각 '프레임워크'가 시사하는 전략안을 배합해 자사 상황에 가장 알맞은 전략을 수립하는 일이 가장 중요하다.

chapter.03

다양한 마케팅 전략과 사고법

경태 씨

강의를 들으며 마케팅에 흥미가 생긴
마리 씨는 회사를 경영 중인 '경태 씨'에게
마케팅의 다양한 전략과 사고법에 대해
배우기로 했다

01 시장의 어느 포지션에서 경쟁할 것인가?

마케팅에 대해 슬슬 감이 잡히기 시작한 마리 씨.
다음 공부 주제는 마케팅 전략이다.

마리 씨의 꿈은 꽃집 경영이다. 경태 씨는 마리 씨에게 사업에서 마케팅 전략이 얼마나 중요한지 설명해 주고 싶었다. "포지셔닝 전략이라고 알아요? 포지셔닝 전략은 시장의 어느 포지션위치에서 경쟁할지 결정하는 거예요. 마케팅 컨설팅 회사를 경영하는 알 리스(Al Ries)와 잭 트라우트(Jack Trout)가 1981년 함께 집필한 《포지셔닝 전략》에서 처음 나왔어요."

시장점유율이란?

앞서 언급한 필립 코틀러는 시장점유율 관점에서 기업의 포지셔닝을 네 가지로 분류했다.

① 시장선도 기업
업계 최고 기업

③ 시장추종 기업
상위 기업을 모방하며 뒤쫓아 가는 3위 이하 기업

② 시장도전 기업
최고 자리를 노리는 2위 기업

④ 시장틈새 기업
상위 기업과 경쟁하지 않고 틈새 분야에서 싸우는 기업

"포지셔닝할 때는 시장점유율과 마음점유율 두 가지를 생각해야 합니다. 시장점유율은 시장에서 자사 제품이 차지하는 비율을 말합니다. 한편 마음점유율은 자사 제품이 고객의 마음을 얼마나 차지하고 있는지를 따집니다. 시장점유율을 높이려면 마음점유율을 높여야 한다는 게 리스와 트라우트의 주장입니다."

마음점유율이란?

마음점유율은 알 리스와 잭 트라우트가 제창했는데 '특정 상품이나 브랜드가 고객의 마음을 얼마나 차지하고 있는지'를 나타낸다.

라면 하면?
신라면

반창고 하면?
대일밴드

메모지 하면?
포스트잇

탄산음료 하면?
콜라

······"○○하면 뭐가 떠오르나요?"라고 물었을 때 맨 처음 생각나는 물건이나 서비스는 '마음점유율이 높은 상품'이다.

업계 내 지위에 따라 전략이 다르다?

우선은 작은 꽃집부터 시작해 볼 생각인 마리 씨는 업계 내 지위에 따라 마케팅 전략이 달라진다는 사실을 알았다.

마리 씨는 나중에 꽃집을 열더라도 소규모로 운영할 생각이라서 앞으로 어떻게 될지 불안한 마음이 컸다. 걱정하는 마리 씨에게 경태 씨는 코틀러가 제창한 시장지위에 따른 마케팅 전략(Competitive Positions)에 대해 이야기했다. 이 이론은 업계에서 활동하는 기업을 '시장선도 기업' '시장도전 기업' '시장추종 기업' '시장틈새 기업'으로 분류하고, 기업은 위치에 맞는 마케팅 전략을 선택해야 한다고 주장한다.

네 가지 시장지위별 전략

코틀러는 업계에서 기업이 차지하는 지위를 네 가지로 분류한 뒤 경쟁에서 이기기 위해서는 각각의 지위에 맞는 전략 선택이 중요하다고 주장했다.

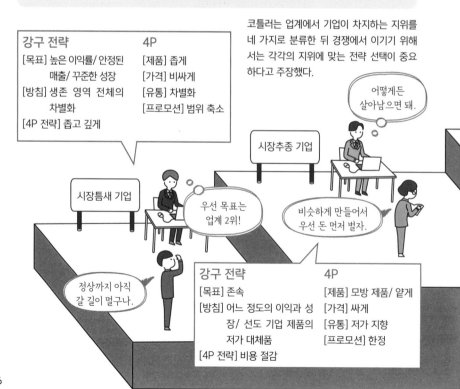

'시장선도 기업'은 업계 시장점유율 1위 기업이다. '시장도전 기업'은 업계 시장
점유율 2위 이하인 기업으로 정상 탈환을 노린다. '시장추종 기업'은 점유율 3위
이하 기업으로 정상이 목표가 아니다. 마지막으로 '시장틈새 기업'은 벤처기업
등 규모는 작지만 업계 내 대기업이 손대지 않을 법한 시장에서 독자적인 위치
를 구축한 기업을 말한다. 언젠가 열게 될 마리 씨의 작은 가게는 틈새 기업만의
독특한 전략으로 승부에 나서는 편이 유리할지도 모른다.

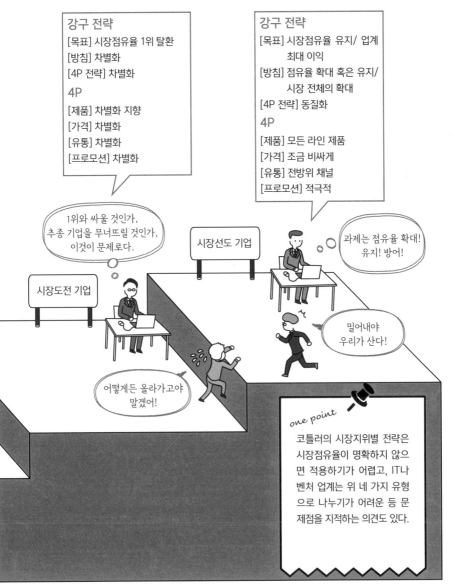

03 한정된 자원을 어떻게 배분할까?

유한한 사업 자금을 어떻게 분배할지는 끝나지 않는 고민이다.
현 상황을 잘 살펴야 대처 방안이 보인다.

한정된 자금을 적절히 분배하는 방법에 대해 생각하고 있는 마리 씨에게 경태 씨가 말했다. "보통 기업에서는 전사 차원의 균형적 발전과 이익 확보를 위해 제품 별 매력도를 파악해 비교하는 PPM(Product Portfolio Management)을 많이 실시해요. PPM은 미국의 경영 컨설팅 회사인 BCG(Boston Consulting Group)에서 제창한 이론이에요."

PPM이란?

PPM은 여러 사업을 거느린 기업이 사업 자금을 어떻게 배분할지 결정할 때 사용하는 경영이론이다.
세로축에 '시장성장률', 가로축에 '시장점유율'을 놓고 각 사업을 아래와 같이 네 가지로 구분한다.

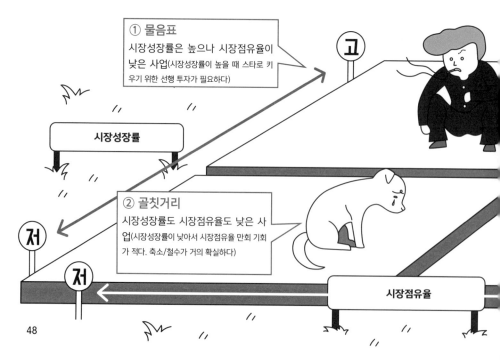

① 물음표
시장성장률은 높으나 시장점유율이 낮은 사업(시장성장률이 높을 때 스타로 키우기 위한 선행 투자가 필요하다)

시장성장률

② 골칫거리
시장성장률도 시장점유율도 낮은 사업(시장성장률이 낮아서 시장점유율 만회 기회가 적다. 축소/철수가 거의 확실하다)

시장점유율

"PPM 전략은 시장성장률과 시장점유율 두 축으로 이루어진 매트릭스를 사용해 자사의 모든 제품을 스타(Star, 투자비용이 높은 인기 상품), 돈줄(Cash Cow, 투자비용이 낮은 인기 상품), 골칫거리(Dog, 투자비용도 시장점유율도 낮은 상품), 물음표(Question Mark, 투자비용이 높고 시장점유율이 낮은 상품)로 구분해 놓고 방안을 모색해요. 이 작업을 통해 자사가 취해야 할 기본 전략이 드러나고 사업 자금을 어떻게 배분하면 좋을지가 분명해져요."

PPM은 알기 쉬운 반면 사업 전략으로 삼기에 지나치게 단순하다는 비판도 있어요. 또 골칫거리나 물음표로 분류된 분야라도 '스타 제품'이나 '돈줄'의 시장점유율 유지를 위해 필요한 사업일 수도 있기 때문에 바로 철수를 결정기는 어렵답니다.

강아지가 불쌍해요.

③ 스타
시장성장률과 시장점유율이 높은 사업(매출도 상승세지만 선행 투자가 많아 이익은 적다)

④ 돈줄
시장성장률은 낮지만 시장점유율이 높은 사업(이미 시장을 제패해 자금 투입량이 점점 줄어들기 때문에 수익성이 높다)

고

04 보급률 16퍼센트의 벽

마리 씨는 마케팅을 배우며 궁금했던 점을 경태 씨에게 물었다.

마리 씨는 신문 기사에 나왔던 '보급률 16퍼센트의 벽'이 무슨 뜻인지 경태 씨에게 질문했다. 경태 씨는 "신제품이나 기술이 세상에 보급되는 흐름을 나타낸 이노베이터 이론에 근거한 첨단기술 특유의 현상이에요. 보통 캐즘(chasm)이라고도 하는데, 첨단기술 분야에서 신상품이 출시됐을 때 보급률 16퍼센트의 벽을 좀처럼 넘지 못하는 현상을 말해요"라고 말했다.

이노베이터 이론과 캐즘

미국의 마케팅 컨설턴트인 제프리 무어Geoffrey Moore는 첨단기술 제품은 '깊고 큰 협곡캐즘', 즉 보급률 16퍼센트의 벽을 넘기가 쉽지 않다고 말한다.

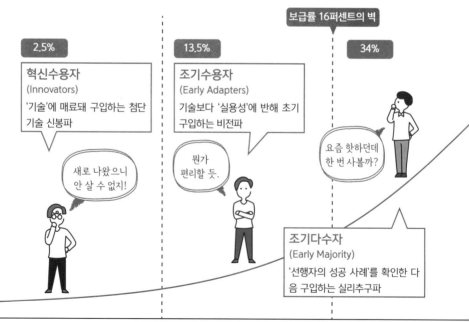

신제품이나 새로운 기술은 혁신수용자, 조기수용자, 조기다수자, 후기다수자, 최후수용자 순으로 퍼져나간다. 캐즘을 넘기 위해서는 제일 규모가 큰 조기다수자 층의 지지를 받아야 한다. 그러려면 먼저 조기수용자들 사이에 제품이 퍼져야 한다. 따라서 조기다수자와 조기수용자는 마케팅 전략을 달리할 필요가 있다.

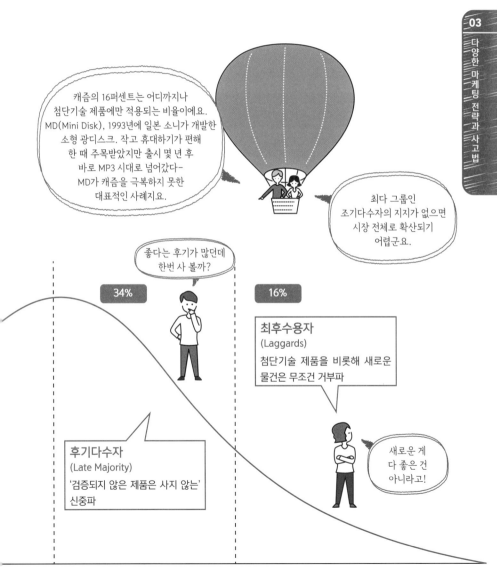

캐즘의 16퍼센트는 어디까지나 첨단기술 제품에만 적용되는 비율이에요. MD(Mini Disk), 1993년에 일본 소니가 개발한 소형 광디스크. 작고 휴대하기가 편해 한 때 주목받았지만 출시 몇 년 후 바로 MP3 시대로 넘어갔다 – MD가 캐즘을 극복하지 못한 대표적인 사례지요.

최다 그룹인 조기다수자의 지지가 없으면 시장 전체로 확산되기 어렵군요.

좋다는 후기가 많던데 한번 사 볼까?

34%

16%

최후수용자
(Laggards)
첨단기술 제품을 비롯해 새로운 물건은 무조건 거부파

후기다수자
(Late Majority)
'검증되지 않은 제품은 사지 않는' 신중파

새로운 게 다 좋은 건 아니라고!

05 상품에도 수명이 있다고?

마리 씨는 꽃이 시들면 가치가 사라지듯 시중에 유통되는 제품에도
수명이 있는지 궁금했다.

마리 씨는 '상품에도 수명이 있는지' 경태 씨에게 물었다. 경태 씨는 "제품수명
주기(Product Life Cycle), PLC라고 들어봤어요?"라고 물었다. 경제학자 조엘 딘Joel
Dean은 1950년 발표한 논문에서 모든 제품과 시장은 탄생에서 쇠퇴까지 일정
주기가 있다는 내용의 제품수명주기를 주장했다. 자사 제품이 어느 단계에 있는
지 파악해 전략을 세울 때 참고하면 유용하다.

제품수명주기란?

제품에는 탄생부터 쇠퇴까지의 흐름이 있다.
쇠퇴기에 접어든 제품을 상대로 광고나 판촉 활동을 해봐야 별 의미가 없다.

도입기
(Introduction phase)
매출과 이익은 낮은데 광고·홍보 등
프로모션 비용이 들어가야 해서 적
자가 날 가능성이 높다.

성장기
(Growth phase)
시장 규모가 커진 만큼 경쟁사도 늘
어나기 때문에 존재감을 키워 시장
점유율 확보에 힘써야 한다.

세상에 나온 제품은 네 시기를 거친다. 어느 기업이 신제품을 세상에 내놓는 '도입기', 매출과 이익이 급속도로 증가하고 경쟁사도 늘어나는 '성장기', 매출 증가가 둔화하고 라이벌 사와의 경쟁이 치열해지는 '성숙기', 대체품 등장 등으로 매출과 이익이 감소해 많은 기업이 철수하는 '쇠퇴기'이다. 제품이 어느 단계에 있는지에 따라 추진 전략도 변한다. 성장기에서 갑자기 쇠퇴기로 곤두박질치거나 성숙기였던 제품이 다시 성장기를 맞이하는 일도 있으므로 섣부른 판단은 조심해야 하다.

쇠퇴기
(Decline phase)
쇠퇴기에는 광고나 판촉 활동이 별 의미가 없다. 철수를 고려해 볼 만한 시기이나 비용을 줄이고 잔존하는 방향으로 이익을 내기도 한다.

성숙기
(Maturity phase)
경쟁이 치열해 시장점유율 확보가 어려운 탓에 시장점유율을 유지하는 전략이 중요하다. 기본 기능은 어느 제품이나 비슷해지기 때문에 포장디자인 등 이미지 전략이 성패를 좌우한다.

상품도 꽃처럼 수명이 있구나.

06 레드오션 vs 블루오션

문득 꽃집이 아닌 다른 가게를 내고 싶다는 생각이 든 마리 씨는
경쟁이 느슨한 업계를 물색하기 시작했다.

갑자기 꽃집이 아닌, 경쟁 상대가 없는 업계로 진출해 보고 싶다는 생각이 든 마리 씨에게 경태 씨는 블루오션 전략에 대해 설명했다. "블루오션 전략이란, 경쟁이 없는 미지의 시장블루오션을 개척한 뒤 저비용과 차별화 전략을 동시에 펼쳐 이익을 창출하는 전략이에요. 반대로 경합 상대가 많아 경쟁이 치열한 시장을 레드오션이라고 해요."

블루오션 전략이란?

많은 기업이 경합 상대가 많은 레드오션에서 매일 치열하게 싸우고 있다.
레드오션과는 달리 경쟁사가 없는 사업 영역을 개척하는 것이 블루오션 전략이다.

더 이상 버틸 수
없어…

레드오션
(Red Ocean)
본래 경쟁이 심한 기존 시장에
서 경쟁하기 때문에 좀처럼 이
익이 나지 않는 소모전이 되기
쉽다.

블루오션
(Blue Ocean)
경쟁이 없는 미지의 시장을 개
척해 저비용과 차별화 두 전략
을 동시에 추구함으로써 이익
을 창출한다.

블루오션 전략은 <u>전략 캔버스(Strategy Canvas)</u>라는 도구를 사용해 시장을 분석한다. 업계 소속 회사가 고객 확보를 위해 심혈을 기울이는 요소를 가로축, 고객이 누리는 가치 정도를 세로축으로 나타낸 가치곡선 그래프를 만든다. 이 그래프를 업계 표준, 경쟁 회사, 자사 패턴으로 작성해 보면 업계와 자사가 놓인 상황이 보인다. 타사와 겹치지 않는 가치곡선 그래프를 작성해야 '블루오션'으로 나아가는 힌트가 보인다.

저가항공사LCC의 블루오션 전략

블루오션 전략의 유명 사례로 1967년에 미국에서 설립된 사우스웨스트 항공을 들 수 있다. 사우스웨스트사는 철저한 비용 절감을 통해 기존 항공회사에서 불가능하다고 여겼던 저비용 항공을 실현했다.

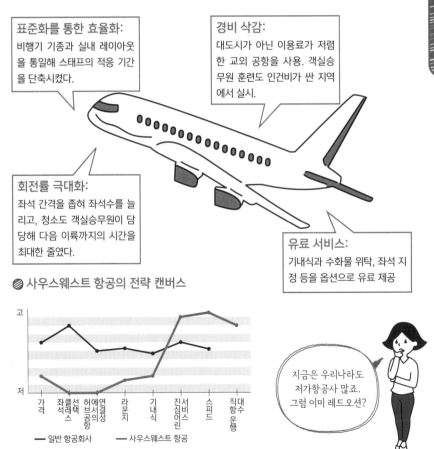

표준화를 통한 효율화:
비행기 기종과 실내 레이아웃을 통일해 스태프의 적응 기간을 단축시켰다.

경비 삭감:
대도시가 아닌 이용료가 저렴한 교외 공항을 사용. 객실승무원 훈련도 인건비가 싼 지역에서 실시.

회전률 극대화:
좌석 간격을 좁혀 좌석수를 늘리고, 청소도 객실승무원이 담당해 다음 이륙까지의 시간을 최대한 줄였다.

유료 서비스:
기내식과 수화물 위탁, 좌석 지정 등을 옵션으로 유료 제공

🔵 사우스웨스트 항공의 전략 캔버스

고
저
가격 / 좌석 클래스 / 허브공항 / 예약연결의 편의성 / 라운지 / 기내식 / 진심어린 서비스 / 스피드 / 직대항수운행

— 일반 항공회사   — 사우스웨스트 항공

지금은 우리나라도 저가항공사 많죠. 그럼 이미 레드오션?

55

07 '장'플랫폼을 만들면 매출이 올라간다고?

성공하려면 성공한 기업에게 배워야 한다는 생각이 든 마리 씨.
시장을 리드하는 기업들의 경영 전략이 궁금해졌다.

마리 씨는 사업에 성공한 기업이 어떤 경영 전략을 구사하는지 궁금해졌다. 이런 마리 씨에게 경태는 플랫폼전략®에 대해 설명했다. "플랫폼전략®이란 관련 기업이나 그룹을 장場=플랫폼에 모아 새로운 사업 생태계를 구축하는 경영 전략이에요. 플랫폼전략의 기본 개념은, 예를 들어 한 사람이 10억을 버는 것이 아니라 10명이서 1,000억을 벌어서 인당 이익을 열 배로 늘리는 거예요."

쇼핑몰의 플랫폼전략®

플랫폼전략®은 '장플랫폼'을 만들어 그곳에 많은 사람과 기업을 참여시키고
모인 모두가 힘을 모아 성장을 도모하는 '제휴(alliance)' 전략이다. 쇼핑몰도 플랫폼전략® 중 하나다.

※플랫폼전략®은 (주)네트 스트래터지의 등록상표이다.

플랫폼 모델로 성공한 기업으로 구글, 페이스북, 아마존, 일본의 라쿠텐(樂天)이 유명하다. 기업이 타사 플랫폼에 참가할 때는 '플랫폼의 횡포'에 주의해야 한다. 플랫폼이 힘을 가지면 ①이용료 인상, ②수직 통합, ③고객과의 관계 약화 등의 문제가 발생하기도 한다. 따라서 자사의 확고한 전략을 세운 뒤 타사 플랫폼에 참가하도록 한다.

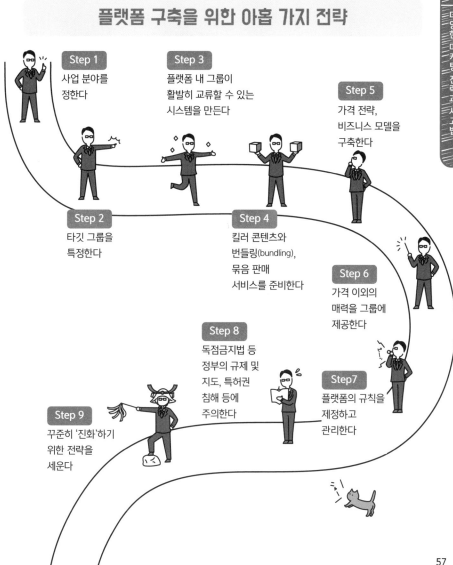

플랫폼 구축을 위한 아홉 가지 전략

Step 1
사업 분야를 정한다

Step 3
플랫폼 내 그룹이 활발히 교류할 수 있는 시스템을 만든다

Step 5
가격 전략, 비즈니스 모델을 구축한다

Step 2
타깃 그룹을 특정한다

Step 4
킬러 콘텐츠와 번들링(bundling), 묶음 판매 서비스를 준비한다

Step 6
가격 이외의 매력을 그룹에 제공한다

Step 8
독점금지법 등 정부의 규제 및 지도, 특허권 침해 등에 주의한다

Step7
플랫폼의 규칙을 제정하고 관리한다

Step 9
꾸준히 '진화'하기 위한 전략을 세운다

08 무료 서비스는 어떻게 돈을 벌까?

한 무료 스마트폰 어플에 빠진 마리 씨는 왜 공짜인지 의문이 생겼다.
무료 어플의 수익 구조는?

경태 씨는 공짜 서비스 전략에 대해 설명했다. "공짜 전략은 IT 전문지 와이어드의 편집장 크리스 앤더슨(Chris Anderson)의 저서에 등장해 일약 유명해진 무료 비즈니스 모델로 네 가지 모델이 있어요. 첫 번째는 하나를 사면 하나를 무료로 주는 직접 교차보조금 모델, 두 번째는 구글 등의 미디어에서 이용되는 형태인데 제3자(주로 광고주)가 비용을 지불하는 3자간 시장 모델이에요."

네 가지 공짜 전략 모델

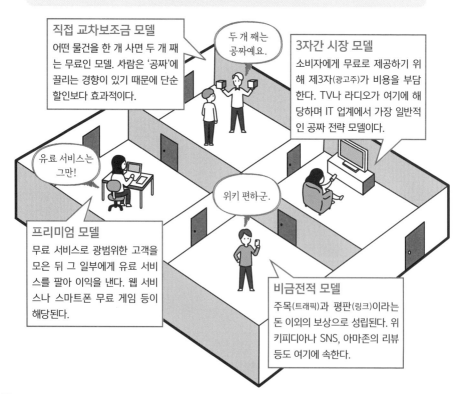

직접 교차보조금 모델
어떤 물건을 한 개 사면 두 개 째는 무료인 모델. 사람은 '공짜'에 끌리는 경향이 있기 때문에 단순 할인보다 효과적이다.

두 개 째는 공짜예요.

3자간 시장 모델
소비자에게 무료로 제공하기 위해 제3자(광고주)가 비용을 부담한다. TV나 라디오가 여기에 해당하며 IT 업계에서 가장 일반적인 공짜 전략 모델이다.

유료 서비스는 그만!

위키 편하군.

프리미엄 모델
무료 서비스로 광범위한 고객을 모은 뒤 그 일부에게 유료 서비스를 팔아 이익을 낸다. 웹 서비스나 스마트폰 무료 게임 등이 해당된다.

비금전적 모델
주목(트래픽)과 평판(링크)이라는 돈 이외의 보상으로 성립된다. 위키피디아나 SNS, 아마존의 리뷰 등도 여기에 속한다.

"세 번째는 무료 서비스로 많은 고객을 끌어들인 후 일부 고객에게 고급 유료 서비스를 팔아 수익을 창출하는 <u>프리미엄(freemium)</u> 모델이에요. 프리미엄 모델은 배포한 무료 샘플 이용자 중 10퍼센트 정도만 유료 서비스에 가입해도 수익이 나는 구조예요. 디지털 제품의 복제 비용이 저렴한 덕분에 가능한 모델이라고 할 수 있지요. 마지막은 위키피디아나 SNS가 대표적인데, 주목(트래픽)과 평판(링크) 같은 돈 이외의 보상을 받아 성립되는 비금전적 시장 모델이에요."

프리미엄 모델의 변천사

프리미엄은 '무료Free'와 '유료Premium'을 합친 조어로 기존의 시식과 무료 샘플도 프리미엄의 일부다. 그러나 IT 기술의 발달로 프리미엄 전략도 변화를 거듭해 왔다.

● 기존의 프리미엄

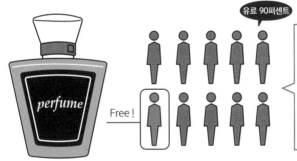

유료 90퍼센트

기존의 무료 샘플은 판매 촉진용으로 화장품이나 음료 샘플을 나눠주는 식이었지만 실질적인 비용이 발생하기 때문에 제조사는 소량으로 소비자를 끌어들여 더 많은 수요를 창출하고자 했다

● 디지털 제품의 프리미엄

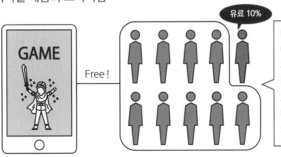

유료 10%

디지털 제품은 복제 비용이 매우 저렴하다. 따라서 무료 샘플을 대량 배포하더라도 그 중 10퍼센트 정도만 유료 서비스에 가입해 주면 전체적으로는 이익이다.

광고효과는 어떻게 측정할까?

어디를 가나 흘러넘치는 광고. 과연 효과는 있는 것일까?

마리 씨는 언젠가 꽃집을 열면 광고를 해야 할지 말아야 할지 고민 중이다. 만약 광고를 한다고 해도 과연 광고효과가 있는지 알 길이 없으니 이 또한 걱정이다. 이런 마리 씨에게 경태 씨는 DAGMAR 이론으로 광고효과를 측정할 수 있다고 조언했다. 광고라고 하면 보통 매출이나 고객 증가 등의 성과를 떠올리기 쉽지만 DAGMAR 이론의 목표는 다르다.

커뮤니케이션 스펙트럼

DAGMAR 이론은 아래 5단계를 차례로 성취하면 매출 증가 등의 성과를 낼 수 있다고 생각하는 이론이다. 각 단계의 광고효과를 측정하는 지표로 '인지율' '상품 이해도' '구입 의향도' '판매량' 등이 있다.

※DAGMAR=Defining Advertising Goals for Measured Advertising Results
(광고효과 측정을 위한 광고 목표 설정)

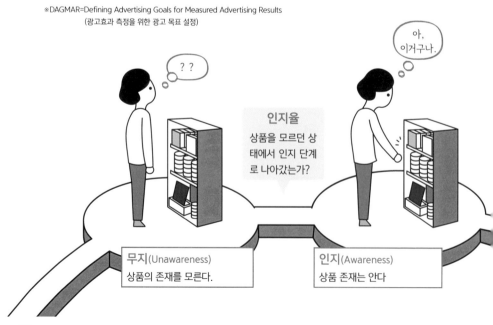

DAGMAR 이론은 매출로 이어지는 5단계 커뮤니케이션 과정커뮤니케이션 스펙트럼인 '무지' '인지' '이해' '확신' '행동'을 차례로 성취하면 매출 등의 성과를 낼 수 있다는 개념이다. 5단계 커뮤니케이션 목표를 설정한 다음 광고 전후의 성취도 변화를 조사하면 광고효과를 측정할 수 있다.

10 대기업을 위한 광고효과 측정 방법

DAGMAR 이론 외에도 광고효과를 측정하는 방법이 있다.
마리 씨는 여러 측정 방법을 배우는 중이다.

경태 씨는 "대기업용 광고효과 측정법 중에 SOV(Share Of Voice, 광고점유율)라는 게 있어요."라고 마리 씨에게 설명했다. SOV란, 경쟁사 제품과 자사 제품의 광고 노출 정도를 비교해 비율로 나타낸 것이다. 이는 절대적 광고노출량만으로는 제품 및 서비스의 시장점유율을 판단할 수 없으며, 업계 내 경쟁사의 광고 노출량과 비교해 이해해야 한다는 사고법에 근거한 이론이다.

기업의 광고·홍보 노출

기업은 TV나 웹 사이트를 비롯해 다양한 미디어를 통해 광고·홍보 활동을 한다.

자사 광고 노출량을 동종 업계 전체 노출량으로 나눠 타사와 그 비율을 비교하는 작업을 통해 향후 시장점유율을 가늠해 볼 수 있다. 요즘은 통합 마케팅 커뮤니케이션(68쪽) 관점에서, TV나 잡지 등의 미디어가 기업으로부터 상품과 서비스에 대한 정보를 제공받아 자발적으로 기사화 해주는 퍼블리시티(publicity)도 SOV 산출 시 포함시킨다.

한 기업의 SOV 사례(이미지)

11 사회 공헌 마케팅

대기업은 이익 추구는 물론이고 사회 공헌에 대한 사회 구성원의 요구도 크다. 마케팅도 마찬가지다.

거리에서 모금 활동을 하는 마리 씨를 보고 경태 씨는 "사회에 공헌하면서 기업 매출도 올리는 마케팅 기법이 있어요."라고 말했다. 관심을 보이는 마리 씨에게 경태 씨는 CRM(Cause Related Marketing)에 대해 설명했다. CRM은 기업이 상품/서비스 수익의 일부를 자선단체 등에 기부해 사회 과제 해결에 기여하는 마케팅 활동이다.

CRM과 CSR

경영학자 마이클 포터는 CSR기업의 사회적 책임에 대해 다음과 같이 말했다. CRM은 그야말로 포터의 생각과 딱 일치하는 방법이다.

기업의 CSR 활동은 단순한 기부나 자선활동사회적 공헌이 아닌 자사의 사업 전략과 연관된 'CSV전략적 CSR'이어야 한다.

마이클 포터
Michael Porter, 1947~

미국의 경영학자, 하버드대학 경영대학원 교수. 파이브 포스 분석(38쪽)과 가치 사슬 분석(40쪽) 등 여러 중요한 이론을 정립했다.

CRM은 소비자, 기업, 사회 세 이해관계자가 모두 만족한다는 의미로, 일본 에도시대 오우미(近江) 상인의 '삼보요시(三方よし), 구매자, 판매자, 사회 3자 모두가 만족하는 거래' 철학과도 관계가 깊은 기법이에요.

소비자 입장에서 보면, 물건을 사기만 해도 손쉽게 평소 관심을 기울이던 사회 공헌 활동에 기부하는 셈이 되므로 다음에도 같은 회사의 제품을 선택하게 된다. 한편 기업 입장에서는 사회 공헌 활동과 판매 촉진 활동이 동시에 이루어지므로 일석이조다. 현재 미국에서는 CRM이 광고 시장의 8퍼센트를 차지한다고 한다. 일본에서도 동일본대지진을 기회로 주목받고 있는 마케팅 전략이다.

볼빅의 '1ℓ for 10ℓ'

CRM의 유명한 성공 사례 중 하나가 프랑스 생수 회사인 볼빅Volvic이 실시한 '1ℓ for 10ℓ' 캠페인이다.

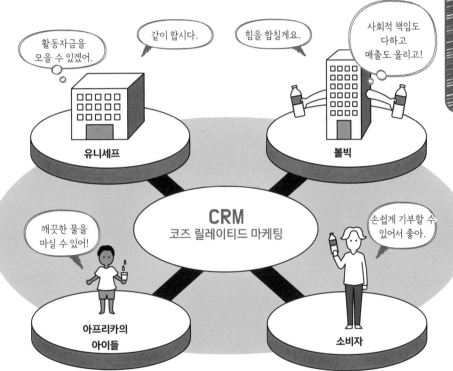

◉ '1ℓ for 10ℓ' 캠페인이란?

2005년부터 볼빅과 유니세프가 공동으로 실시한 캠페인. 프로그램 기간 중 우물 설치와 수리 활동 등을 통해 볼빅 생수 출하량 1리터 당 10리터의 깨끗하고 안전한 물을 지원 대상국인 아프리카 말리공화국에 공급했다.(우리나라에서는 세계 물 포럼 조직위원회와 초록우산 어린이 재단이 공동 기획하고 롯데칠성음료가 후원하는 형식으로 진행됐다)

12 '수평 사고'로 마케팅하라

마케팅 이론이 매우 다양하다는 사실을 알게 된 마리 씨.
이번에는 조금 특이한 이론도 알고 싶어졌다.

마리 씨는 "지금까지 여러 이론을 배웠는데 창의적 발상에 도움이 되는 마케팅은 없을까요?"라고 물었다. 경태 씨는 "코틀러가 발표한 수평형 마케팅(Lateral Marketing)이라는 게 있어요. '기존의 논리적인 마케팅으로는 새로운 기회를 찾기 어렵다'고 판단한 코틀러는 다양한 각도에서 자유롭게 생각의 나래를 펼치는 '수평 사고'를 통해 참신한 아이디어를 도출할 수 있다고 주장했어요."

수평 사고의 세 단계

원래 수평 사고는 몰타 출신의 작가, 의학자, 심리학자, 발명가인 에드워드 드 보노(Edward de Bono)가 제창한 발상법이다. 코틀러는 이 방법을 마케팅에 응용했다.

① 초점 선택
사고의 대상이 되는 물건을 선택해 그 특성을 생각한다. 예컨대 꽃이라면 '향기가 좋다' '색이 예쁘다' '시든다' 등

② 수평 이동으로 격차(자극) 유발
①에서 생각한 특성 중 하나를 골라 변화를 준다. 변화 방법에는 '역발상, 대체, 결합, 과장, 제거, 재정렬'의 여섯 가지 방법이 있다.

③ 격차를 메울(연결할) 방법 모색
예를 들어 '꽃'의 경우 '시든다'라는 특징을 '역발상'시키면 '언제까지나 시들지 않는다', 즉 '시들지 않는 꽃=조화'와 같은 새로운 아이디어가 떠오른다.

줌인!

차분히, 차분히.

수평형 마케팅은 세 단계로 진행된다. ①초점 선택, ②수평 이동으로 격차(자극) 유발, ③격차를 메울(연결할) 방법 모색이다. 예를 들어 상품이 꽃이라면 ①에서 '시든다' 등의 특성을 생각한 뒤 ②에서 이 특성에 변화를 준다. 그리고 ③에서 시들지 않는 방법을 모색하면 '시들지 않는 곳=조화'와 같은 답을 유출할 수 있다.

수평 사고 사례

'발렌타인데이에 남성이 사랑하는 여성에게 장미꽃을 선물한다'를 수평 사고로 생각해 보자.

이틀 전

역발상(Reverse)
발렌타인데이가 아닌 다른 날에 장미꽃을 선물한다

대체(Substitution)
발렌타인데이에 레몬을 선물한다

과장(Emphasis)
발렌타인데이에 장미 수십 송이를 선물한다, 혹은 한 송이만 선물한다(축소방향의 과장)

결합(Join)
발렌타인데이에 장미꽃과 연필을 선물한다

재정렬(Sorting)
발렌타인데이에 여성이 남성에게 장미꽃을 선물한다

제거(Removal)
발렌타인데이에 장미꽃을 선물하지 않는다

※《필립 코틀러의 수평형 마케팅》을 토대로 작성

통일된 마케팅 전략이 중요하다

광고메시지가 발신 매체에 따라 제각각이면 고객은 혼란스럽다.

마리 씨는 같은 상품인데도 광고에 따라 이미지가 다르게 느껴질 때가 있다고 경태 씨에게 말했다. 경태 씨는 "그런 상황이 벌어지지 않도록 요즘 주목받고 있는 전략이 IMC, 즉 통합 마케팅 커뮤니케이션(Integrated Marketing Communication)이에요." IMC는 모든 마케팅 커뮤니케이션 활동을 전략적으로 통합해 소비자에게 통일된 메시지를 전하는 과정을 말한다.

통합 마케팅 커뮤니케이션이란?

점포

제품 포장

one point

CI
(Corporate Identity)

회사명, 브랜드 명칭, 로고, 회사 색깔, 슬로건, 콘셉트, 메시지 등을 통일해 소비자에게 기업의 특징과 개성을 제시하고 자사의 통일된 메시지를 각인시키는 전략.

한때 CI 붐이 일어났던 적이 있는데 단지 로고 바꾸기로 끝나서는 안 돼요. 회사 전체가 통일된 마케팅 전략을 수립하는 일이 중요해요.

IMC가 성공하려면 메시지 특성에 따라 발신 매체를 적절히 구분해 사용해야 한다. 또 메시지 통일성 등 마케팅 커뮤니케이션 전체를 통합 관리하는 프로듀서나 디렉터의 역할도 크다. 나아가 소비자 관점에서 기업이나 제품을 관찰해 어떤 메시지를 발신해야 소비자가 반응할지를 판단하는 일도 중요하다.

통합 마케팅 커뮤니케이션은, 1993년 미국 노스웨스턴대학의 돈 E. 슐츠 등이 제창한 이론이다. 프로젝트를 시작할 때는 회사 내부뿐 아니라 외부 광고대행사나 제작회사와도 이미지를 통일시켜야 한다.

14 국경 없는 시대의 마케팅 전략

국가라는 개념이 점점 희미해져가는 요즘, 세계적인 기업일수록 글로벌한 마케팅 전략을 추진 중이다.

마리 씨가 TV를 틀자 세계화 시대에 발맞춘 '글로벌 마케팅'이란 주제로 특집 프로그램이 방영 중이었다. 글로벌 마케팅이란 국경에 얽매임 없이 지구상의 모든 나라가 하나의 시장이라고 보는 마케팅 활동으로, 1983년 '마케팅 근시안'으로 유명한 시어도어 레빗(Theodore Levitt)이 동명의 논문에서 다룬 뒤 주목 받기 시작했다.

글로벌 마케팅이란?

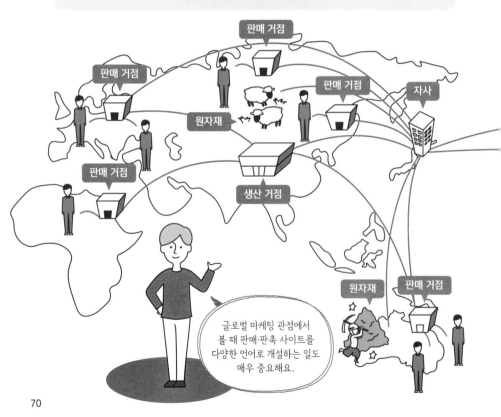

글로벌 마케팅 관점에서 볼 때 판매·판촉 사이트를 다양한 언어로 개설하는 일도 매우 중요해요.

레빗은 논문에서 앞으로는 각국 특성에 맞춰 제품과 서비스를 맞춤 생산하던 방식에서 벗어나, 세계 통일 규격 제품을 제공해야 한다고 주장했다. 세계화 속도에 맞춰 이제는 상사, 제조회사뿐 아니라 국내 시장을 상대하는 기업도 글로벌 마케팅을 배워야 한다는 프로그램 사회자의 말에 마리 씨는 고개를 끄덕였다.

세계화로 우리나라에도 외국인이 많아졌어. 꽃집도 글로벌 마케팅을 의식해야 겠는걸?

판매 거점

판매 거점

🌀 세계화가 진행되면…

기술 발전과 세계화 속도가 빨라지면 세계는 점점 동질화돼 인기 있고 잘 팔리는 제품은 어디를 가나 비슷해질 것이다. 통일 규격 제품은 대량 생산이 가능해 비용이 절감되기 때문에 고객의 지지도 커진다.

15 세계 인구의 약 72퍼센트에 주목한다

세계 인구 중 빈곤층 비율이 70퍼센트를 넘는다고 한다.
이 빈곤층에 주목한 마케팅 기법이 있다.

마리 씨가 본 TV 프로그램에서 'BOP 마케팅'도 소개됐다. BOP 마케팅은 미시간 대학 비즈니스스쿨 교수인 C. K. 프라하라드(C. K. Prahalad)가 2004년에 발표한 이론으로 BOP 란 세계 빈곤층을 의미한다. 세계 인구가 약 74억이라고 할 때 그 중 약 50억 명은 빈곤층이라고 한다. BOP 마케팅은 이 빈곤층의 성장을 도와 시장에 참여하게 만드는 새로운 마케팅 기법이다.

세계 소득 피라미드

BOP란 'Base Of the Pyramid'의 약자로 세계 빈곤층을 의미한다. BOP층의 소득이 증가하면 향후 큰 고객으로 성장하리라 기대된다.

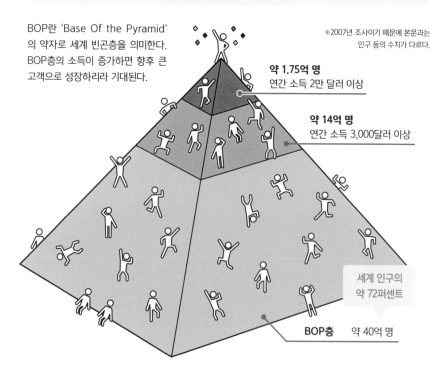

※2007년 조사이기 때문에 본문과는 인구 등의 수치가 다르다.

약 1.75억 명
연간 소득 2만 달러 이상

약 14억 명
연간 소득 3,000달러 이상

세계 인구의
약 72퍼센트

BOP층   약 40억 명

※출처: 'THE NEXT 4 BILLION (2007 World Resource Institude, International Finance Corporation)'

BOP 마케팅 성공 사례로 일용품 기업인 힌두스탄 유니레버(Hindustar Unliever)를 들수 있다. 힌두스탄 유니레버는 일회용 사이즈의 비누를 만들어 빈곤 지역에 판매한 것으로 유명하다. 한 개에 몇 천 원하는 비누도 사이즈를 줄이면 몇 백 원밖에 하지 않기 때문에 돈이 없는 BOP 층도 구입할 수 있다. BOP층의 생활을 지원해 경제력을 키움으로써 이들이 향후 큰 고객으로 성장하리라 기대하는 마케팅 전략이다.

유니레버의 BOP 마케팅

일용품 기업인 힌두스탄 유니레버는 다음과 같은 BOP 마케팅을 펼쳐 새로운 시장을 개척했다.

◀ 유니레버는 인도의 BOP층이 구입할 수 있도록 미니사이즈의 저가 비누를 판매했다.

또 인도의 빈곤 농촌 지역 여성들을 판매 ▶ 원으로 고용했다. 그녀들에게 수입원을 제공해 빈곤 해결의 기회를 제공함으로써 빈곤층으로 시장을 확대할 수 있었다.

◀ 이 과정에서 빈곤층에 '비누로 손을 씻는 다'는 습관이 퍼지면서 위생 환경 개선이라는 사회 공헌도 했다.

코스트코를 성공으로 이끈 회원제 모델

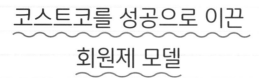

코스트코를 모르는 사람은 아마 없지 않을까? 코스트코는 1983년 창고를 개조한 점포에서 도매 과정 없이 소비자에게 직접 판매하는 비즈니스 모델로 시작한 회원제 슈퍼마켓이다. 품질 좋은 물건을 싸게 살 수 있다고 소비자들 사이에서 평가가 높지만, 연회비를 낸 회원에게만 구입 자격을 주는 회원제 시스템이다.

코스트코가 실시하는 '회원제 모델'은 장점이 많다. 먼저, 회비를 선납한 상태라서 고객은 안 가면 손해라는 느낌 때문에 자주 가게 된다. 즉 '재방문률'이 높다. 또 코스트코 측은 고객이 오지 않아도 회비를 받아 놓으니 든든하고, 오면 물건을 팔아 더 이익이다. 스포츠클럽 등에서 주로 채용하는 회원제 모델을 잘 활용해 코스트코는 대성공을 거뒀고 지금은 미국 굴지의 대기업으로 성장했다.

회원제 모델의 회비는 천차만별이다. 블랙카드나 리조트 회원권, 골프 회원권 등처럼 상류층을 겨냥한 곳은 연회비가 수백만 원 이상 하기도 한다.

chapter.04

소비자의 마음을 사로잡는
마케팅 이론

기본적인 마케팅 전략에 대해 배운 마리 씨.
경태 씨의 강의는 아직 끝나지 않았다.
이번에는 마리 씨에게 소비자의 마음을 사로잡는
다양한 이론을 설명할 생각이다.

01 고객의 기대를 충족시켜라

꽃집이 번창하려면 어떻게 해야 할까?
마리 씨는 근본적인 문제에 대해 생각 중이다.

"나중에 꽃집이 잘 되려면 어떻게 해야죠?"라는 마리 씨의 의문에 경태 씨는 고객만족CS을 높여야 한다고 답했다. "고객만족은 구입한 제품이나 서비스가 고객의 기대에 부응한 상태를 말하며 고객의 기대가 충족되는 정도에 따라 고객만족도의 크기가 결정돼요. 고객만족은 시어도어 레빗의 논문 〈마케팅 근시안〉에 등장한 뒤 큰 주목을 받았어요."

기업은 고객만족과 고객창출을 위해 존재한다

●시어도어 레빗이 주장한
'기업의 존재와 역할'

기업은 고객만족과
고객창출을 위한
유기체여야 한다.

기업은
제품과 서비스를
생산할 뿐 아니라…

이거 만든 회사랑
일하고 싶어.

시어도어 레빗
Theodore Levitt, 1925~2006
독일 출신, 전 하버드 비즈니스 스쿨 명예교수. 미국 마케팅계의 1인자 중 한 명이다. 논문 〈마케팅 근시안〉으로 유명하다.

이런 걸 원했단 말이지.

…고객의
구매 의욕을 자극해
그 기업과 거래하고
싶게끔 만들어야 한다.

경태 씨의 설명은 계속됐다. "레빗은, 경영자의 사명은 고객이 모여들만한 가치를 제공해 고객을 만족시키는 것이며 경영자는 이러한 생각이 조직 전체에 지속적으로 확산되도록 행동해야 한다고 주장했어요. 고객을 창출하는 가치=고객가치는 고객이 얻는 것(편익), 잃는 것(비용)과 밀접한 상관관계가 있어요." 설명을 들은 마리 씨는 앞으로 가게를 열면 고객만족을 높이기 위해 힘써야겠다고 다짐했다.

고객가치란?

시어도어 레빗은 "소비자가 드릴을 사는 이유는 드릴이 아니라 구멍을 원하기 때문이다"라고 말했다. 아마 고객가치를 가장 알기 쉽게 설명한 말이 아닐까 싶다. 고객가치를 높이는 방법 다섯 가지를 소개한다.

※일러스트의 'B'=편익, 'C'=비용

① 편익을 올리고
비용을 낮춘다.

② 편익을 올리고
비용을 유지한다.

③ 비용을 올리고
편익도 그 이상 올린다.

④ 편익을 유지하고
비용을 낮춘다.

⑤ 편익을 내리고
비용도 그 이상 낮춘다.

02 '기대' 이상이어야 한다

고객만족을 위해서는 어떻게 해야 할까?
비밀은 '기대'에 있다.

경태 씨는 말을 이었다. "고객만족(76쪽) 이야기가 나온 김에 고객만족이 형성되는 메커니즘에 대해 설명할게요. 고객만족 메커니즘은 기대불일치 모델이라는 이론으로 풀 수 있어요. 방정식으로 표현하면 고객만족=고객이 느낀 가치(Performance) − 사전 기대 가치(Expectancy)가 돼요. 즉, 실제 성과(P)가 고객이 기대한 성과 기대치(E)를 웃돌면 고객은 만족하는 것이지요."

기대불일치 모델의 방정식

고객만족도 방정식은 '고객만족=고객이 느낀 가치(P)−사전 기대 가치(E)'로 나타낼 수 있다.
'P>E'면 만족, 'P<E'면 불만족을 의미한다.

…단, ISO9000(※) 기준으로는 'P=E'도 '만족'이라고 본다.

※ISO9000…ISO(국제표준화기구)에서 제정한 품질 보증을 위한 국제 규격

"또 마케팅 학자인 존 E. 스완 등은 고객만족에 대해 본질 기능과 표층 기능 모두가 구매자의 기대와 일치할 때 고객은 만족한다고 주장했어요. 본질 기능이란 고객이 그 제품과 서비스에 원하는 기본 기능이에요. 고객만족을 높이려면 우선 본질 기능을 충실히 제공한 뒤에 표층 기능에 공을 들어야 해요."

본질 기능과 표층 기능

03 고객 한 사람의 평생 구매액은 얼마?

기업이 소비자 한 사람에게서 평생 얻을 수 있는 이익은 얼마일까?
마케팅에는 이 수치를 산출하는 식이 있다.

마리 씨는 "한 고객이 특정 기업의 물건을 일생 동안 얼마나 구입할지 알 수 있는 방법은 없나요?"라고 질문했다. 경태 씨는 대답했다. "고객생애가치(Lifetime Value), LTV로 산출하면 돼요. 정확히는 지금까지 고객이 구입한 총액에서 고객을 유지하기 위해 사용한 비용을 뺀 이익 금액을 더하면 되는데, 고객 한 명 한 명의 고객생애가치를 계산하는 일은 어렵기 때문에 고객 전체 데이터로 계산하는 방법이 현실적이에요."

LTV 방정식

LTV는 고객 한 사람이 기업에 일생 동안 얼마만큼의 이익을 가져다줄지를 나타내는 지표로 매우 중요한 개념이다.

$$LTV = \boxed{연간 거래액} \times \boxed{수익률} \times \boxed{거래 계속 연수}$$

매년 감사합니다.

비용을 빼면 수익률 50퍼센트

우리 제품을 벌써 20년째 구입해 주시고 있구나.

…단, 고객 개개인의 LTV를 계산하는 일은 큰 수고와 비용이 발생하기 때문에 고객 전체 데이터로 계산하는 편이 현실적이다. 또 LTV의 방정식은 여러 개가 있는데 아래 식도 많이 사용된다.

고객 전체를 평균하면…

LTV=고객의 평균 구입 단가 × 평균 구입 횟수
LTV=(매출-매출원가)÷구입자수

"방정식으로는, 연간 거래액×수익률×거래 계속 연수로 나타낼 수 있어요. 고객 생애가치를 높이기 위해서는 고객 단가와 재방문률 등을 높여야 해요. 눈앞의 이익만 쫓지 말고 장기적인 신뢰 관계를 구축하는 전략이 중요합니다. 고객을 어떻게 팬으로 만들지를 고민하는 것이지요. 더불어 고객 유지에 드는 비용을 줄이려는 노력도 필요해요."

LTV를 높이는 방법

LTV를 어떻게 높일지는 기업의 가장 중요한 과제 중 하나다.

●재방문이 중요하다

어느 업계든 경쟁이 치열한 탓에 타사 고객을 뺏어오는 일은 만만치 않다. 따라서 고객 단가나 재방문률 등을 높이는 노력을 해야 한다.

신규고객 획득 비용은 기존고객 유지비용의 5~10배다.

●LTV를 높이려면…

LTV를 높이려면 눈앞의 이익보다 장기적 신뢰 관계 구축이 중요하다. 고객을 어떻게 자사 제품/서비스의 팬으로 만들지, 기업은 이를 고민해야 한다.

재방문을 늘리기 위해서는 사후 서비스와 접객도 중요하다.

04 정보를 공유해 단골 고객을 만든다

고객정보의 데이터베이스화는 마케팅의 중요 항목 중 하나다.
각 부문과의 연계 또한 중요하다.

고객에게 관심을 갖게 된 마리 씨에게 경태 씨는 CRM(Customer Relationship Management, 고객관계관리)의 중요성을 설명했다. CRM은 고객정보를 데이터베이스화해, 영업 부문은 물론이고 콜센터, 서비스 창구 등 고객과 만나는 모든 접점과 정보를 공유하며 고객 한 사람 한 사람을 세심히 관리하는 시스템이다.

CRM이란?

CRM은 고객정보를 공유해 고객의 요구에 발 빠르게 대처하고,
이를 토대로 고객 충성도를 높이는 방법이다.

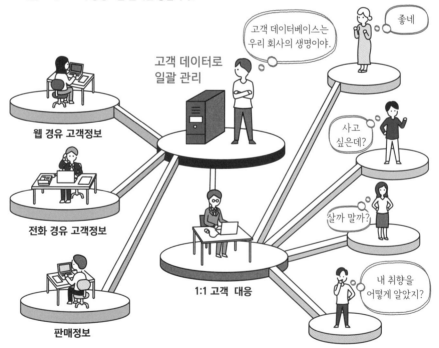

수집 정보는 다음과 같다. ①고객의 연령과 성별, 주거지 등의 기본 데이터, ② 취미, 기호 등의 개인정보, 라이프스타일, ③과거 구입 정보·이용 상황, 구입 동기 및 취향, ④문의 및 클레임 등 과거 접촉 이력 등이다. 수집 정보를 활용해 고객의 질문이나 요구 대응 시 활용하기도 하고 고객이 좋아하리라 생각되는 상품 정보를 보내기도 한다. 이러한 활동을 통해 장기 단골 고객을 확보할 수 있다.

CRM으로 활용되는 정보

CRM을 위해 다음과 같은 정보를 수집한다. 설문조사를 활용하기도 한다.

42세 남성
○○도 거주
○○사 근무
가족관계: 아내,
딸 두 명(7세, 4세)
등등

**고객의 연령과 성별,
주소 등의 기본 데이터**

취미는 독서
흡연가
집콕파
한식 선호
등등

**취미·기호 등의 개인정보,
라이프스타일**

이 고객은
연평균 2회 구입

**문의나 클레임 등
과거 접촉 이력**

**과거 구입 정보·이용 상황,
구입 동기 및 취향**

단, 상품 정보를 너무 자주 발송하면
오히려 고객만족도가 감소하고
최악의 경우 단골 고객이 떨어져나갈 수도
있으니 주의해야 해요.

83

05 '열성팬'을 만든다

'열성팬'이라고 부를 수 있는 고객만 있으면 가게 운영은 안정적이다.
마리 씨는 경태 씨에게 열성팬을 만드는 방법을 배웠다.

자사의 제품을 오랫동안 써 줄 고객을 확보하는 일이 중요하다고 느낀 마리 씨에게 경태 씨는 '**로열티 마케팅**(Loyalty Marketing)' 이야기를 했다. 로열티 마케팅은 말하자면 '팬'을 만드는 전략인데, 구체적인 방법으로는 쿠폰, 경품, 할인 등의 금전적 보상(hard benefit), 이벤트 초대 등의 특권 제공(soft benefit) 등이 있다.

고객 로열티가 높아지면…

고객 로열티가 높아지면 고객이 제품과 서비스를 지속적으로 구입해 줄뿐 아니라 선전을 해 주기도 한다.

▲ 광고 등으로 구입을 부추기지 않아도 고객이 상품을 구매하러 온다.

▲ 고객이 주위 사람에게 상품의 좋은 점을 선전해 준다.

▲ 다소 비싸더라도 고객은 가격에 구애받지 않고 구입한다.

앞서 언급한 CRM고객관계관리(82쪽)나 뒤에서 나올 퍼미션 마케팅(102쪽) 등은 고객 로열티를 높이는 수단으로 활용된다. 또 브랜드 이미지 향상을 위해 연구개발에 투자해 꾸준히 질 좋은 제품을 생산하거나 고객 서비스의 질을 극대화하거나, 광고 등으로 좋은 이미지를 구축하는 것도 고객 로열티를 높이는 한 방법이다.

고객 로열티를 높이는 방법

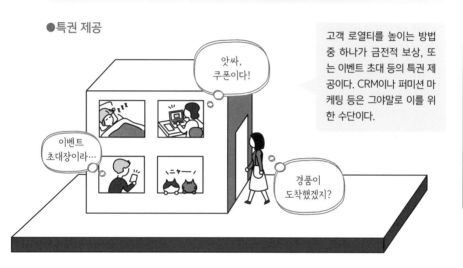

● 특권 제공

고객 로열티를 높이는 방법 중 하나가 금전적 보상, 또는 이벤트 초대 등의 특권 제공이다. CRM이나 퍼미션 마케팅 등은 그야말로 이를 위한 수단이다.

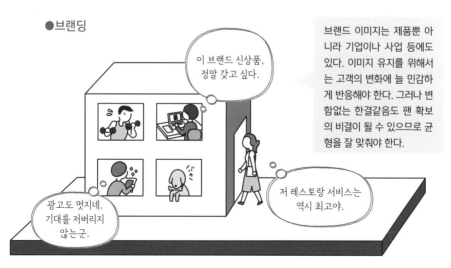

● 브랜딩

브랜드 이미지는 제품뿐 아니라 기업이나 사업 등에도 있다. 이미지 유지를 위해서는 고객의 변화에 늘 민감하게 반응해야 한다. 그러나 변함없는 한결같음도 팬 확보의 비결이 될 수 있으므로 균형을 잘 맞춰야 한다.

06 라이프스타일에 주목한다

사람에게는 각각의 라이프스타일이 있다.
라이프스타일을 반영한 마케팅 기법은?

경태 씨는 "개인의 라이프스타일에 주목해 탄생한 마케팅 기법이 있어요."라고 말했다. 바로 라이프스타일 마케팅(Life Style Marketing)인데, 1978년 스탠포드 국제연구소가 개발한 라이프스타일 분석 프로그램 'VALS(Values and Life-Styles)'이 대표적이다. VALS는 '각 소비자의 가치관' '라이프스타일'에 따라 소비자를 세분화해 마케팅에 이용했다.

라이프스타일 분류와 AIO

'VALS'에서는 개인의 라이프스타일이 '행동' '관심' '의견' 세 가지에 의해 형성된다고 보고 이 사고법에 기초해 소비자집단을 세분화했다.

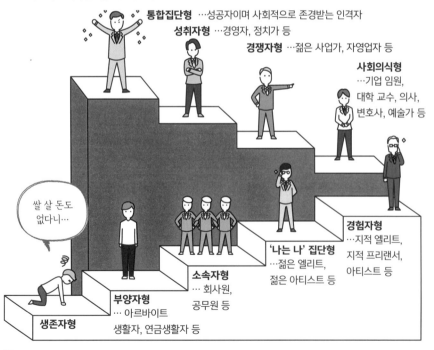

라이프스타일 마케팅은 경제 여건이나 인간 심리에 따라 소비자를 '통합집단형' '성취자형' '경쟁자형' '사회의식형' '경험자형' "나는 나' 집단형' '소속자형' '부양자형' '생존자형'의 아홉 가지로 분류했다. 이런 식의 분류는 소비자의 가치관과 라이프스타일의 큰 흐름을 파악해 어떤 자사 제품 또는 서비스를 어떤 고객층에 팔아야 할지를 결정하는 데 큰 도움이 된다.

라이프스타일 분류와 AIO

● AIO란?

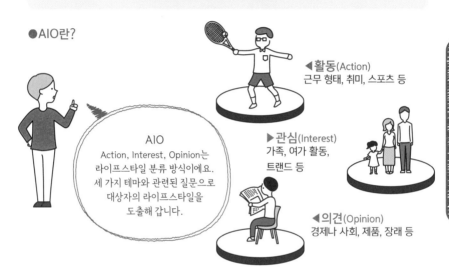

AIO
Action, Interest, Opinion는
라이프스타일 분류 방식이에요.
세 가지 테마와 관련된 질문으로
대상자의 라이프스타일을
도출해 갑니다.

◀ 활동(Action)
근무 형태, 취미, 스포츠 등

▶ 관심(Interest)
가족, 여가 활동,
트랜드 등

◀ 의견(Opinion)
경제나 사회, 제품, 장래 등

● 라이프스타일 분류 사례

딩크족

보수적·전통적

베지테리안

집콕파

초식남

건강 중시파

LOHAS

활동파 시니어

라이프스타일 별로
소비자를 묶으면 어떤
프로모션을 해야 효과적일지,
누구에게 광고를 노출해야
반응이 올지가
명확해지겠군요.

07 구매의사 결정 4단계

소비자가 구매를 결정하기까지 어떤 사고 메커니즘이 작용할까?
구입 결정을 내리기까지의 과정을 살펴보자.

마리 씨는 소비자가 물건을 사게 하려면 어떻게 해야 하는지 생각 중이다. 이런 마리 씨에게 경태 씨는 "소비자가 물건을 사려고 할 때의 메커니즘을 알아요?"라고 물었다. "하워드-세스 모델(Howard-Sheth Model)은 소비자가 제품이나 서비스의 구입을 결정하기까지 어떤 과정을 거치는지 설명한 이론이에요. 유기체가 자극을 받아 반응한다는 S-O-R 모델을 응용한 대표적 연구이지요."라고 설명했다.

하워드-세스 모델이란?

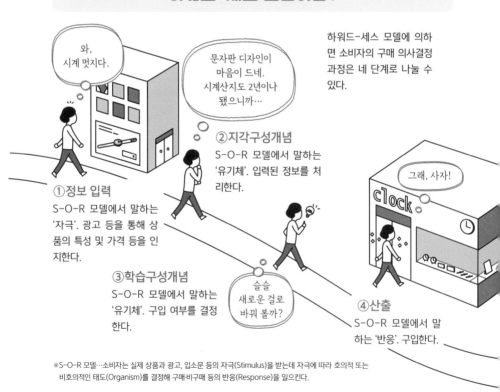

하워드-세스 모델에 의하면 소비자의 구매 의사결정 과정은 네 단계로 나눌 수 있다.

와, 시계 멋지다.

문자판 디자인이 마음이 드네. 시계산지도 2년이나 됐으니까…

②지각구성개념
S-O-R 모델에서 말하는 '유기체'. 입력된 정보를 처리한다.

①정보 입력
S-O-R 모델에서 말하는 '자극'. 광고 등을 통해 상품의 특성 및 가격 등을 인지한다.

③학습구성개념
S-O-R 모델에서 말하는 '유기체'. 구입 여부를 결정한다.

슬슬 새로운 걸로 바꿔 볼까?

그래, 사자!

clock

④산출
S-O-R 모델에서 말하는 '반응'. 구입한다.

※S-O-R 모델…소비자는 실제 상품과 광고, 입소문 등의 자극(Stimulus)을 받는데 자극에 따라 호의적 또는 비호의적인 태도(Organism)를 결정해 구매·비구매 등의 반응(Response)을 일으킨다.

경태 씨의 설명은 계속됐다. "하워드-세스 모델에서는 구매 의사가 네 단계 과정을 거쳐 결정된다고 봐요. ①정보 입력, ②지각구성개념, ③학습구성개념, ④산출. 네 과정은 다시 상황에 따라 확대적 문제 해결, 한정적 문제 해결, 일상적 반응 행동으로 나뉘어요. 마케팅 전체를 생각하는 기본 지식이니까 기억해 두면 좋아요."

구매에 이르는 의사 결정 세 단계

소비자행동 모델은 상황에 따라 세 가지 패턴으로 나뉘어요.

확대적 문제해결
지금껏 써 보거나 사보지 않은 물건을 구입할 경우 많은 정보를 검색한 뒤 검토한다.

잘 따져보지 않으면 또 실패하니까…

한정적 문제해결
어떤 물건인지 이미 알지만 정말 필요한 물건인지 확인하는 차원에서 정보를 검색·수집한다.

매장에 가서 직접 확인해 볼까?

일상적 반응행동
늘 사던 물건을 또 구입하는 경우, 정보 검색 없이 바로 구매 의사를 결정한다.

어, 없네? 사러 가야겠다.

08 '필요'보다 '마음'을 공략하라

마음이 움직이면 사람은 돈을 쓴다?!
소비자의 마음을 움직이는 마케팅 기법은?

경태 씨의 설명은 계속됐다. "또 소비자의 필요가 아닌 감정을 건드리는 마케팅도 있어요. 1999년 번드 H. 슈미트(Bernd H. Schmitt) 교수가 제창한 경험가치 마케팅(Experiential Marketing)이에요." 지금껏 소비자는 필요를 채우기 위해 소비 행동을 한다고 여겨졌지만, 경험가치 마케팅에서는 소비자가 자신의 감정을 설레게 하고 감각을 자극하며 마음에 와 닿는 경험을 원한다고 생각했다.

'결과 가치'와 '경과 가치'

요즘처럼 물건이 넘쳐나는 시대에는 상품 디자인이나 고급스러운 연출로 니즈를 만족시키는 '결과 가치'뿐 아니라 '경과 가치(프로세스 가치)'도 중요하다.

경험가치란 제품/서비스를 이용하며 맛보는 감동과 기쁨, 만족감 등의 심리적·감각적 가치를 가리킨다. 경험가치는 'SENSE(감각적 경험가치)''FEEL(정서적 경험가치)''THINK(창조적·인지적 경험가치)''ACT(육체적 경험가치)''RELATE(준거집단 또는 문화와의 관계적 가치)'의 다섯 가지로 나뉜다. 각각에 맞는 마케팅 방안을 모색해 추진해야 한다.

다섯 가지 경험 가치

경험가치 마케팅은 소비자의 필요뿐 아니라 감정을 자극하는 마케팅 기법이다.

② FEEL
(정서적 경험가치)
기업은 브랜드에 애착을 갖거나 감정이입이 되도록 어필한다.

③ THINK
(창조적·인지적 경험가치)
고객의 지성과 호기심에 호소한다.

이렇게 향긋한 커피는 처음이야.

재미있는 사진집이 많군.

우아한데 귀엽기까지! 올 때마다 두근거려.

① SENSE
(감각적 경험가치)
시각, 청각, 후각, 미각, 촉각의 오감에 호소한다.

역시 센스 있어.

④ ACT
(육체적 경험가치)
식생활이나 시간 활용 등 새로운 라이프스타일을 제안해 행동을 유발한다.

다 세련되고 귀엽네. 몸에도 환경에도 좋을 것 같아.

⑤ RELATE
(준거집단 또는 문화와의 관계적 가치)
고객이 소속되길 원하는 그룹·문화 등과 연결 지어 제품/서비스를 어필한다. 브랜드 광고탑에 유명인이 등장하는 것이 좋은 사례다.

09 '상황'을 보면 니즈가 보인다

인터넷을 하다 보면 눈에 띄는 애드워즈 광고.
애드워즈 광고에 숨겨진 교묘한 마케팅은?

마리 씨는 구글의 애드워즈 광고를 보고 "이것도 마케팅이에요?"라고 물었다. 경태 씨는 "저건 고객의 상황을 읽어 필요를 찾아내는 콘텍스트 마케팅(Context Marketing)이라는 기법이에요. 사이트 운영자가 화면에 광고 틀을 붙이면 사이트 콘텐츠의 문맥을 읽어 화면을 보고 있는 사람이 흥미를 느낄만한 광고를 표시하는 애드워즈 광고야 말로 콘텍스트 마케팅의 대표 사례예요."

아마존의 콘텍스트 마케팅

본문에서 소개한 애드워즈 광고 외에도, 고객의 책 구매 이력 또는 같은 책을 산 사람의 구매 이력 등을 참고해 관련 도서를 표시하는 아마존의 추천 서적 소개 방식도 콘텍스트 마케팅의 일례다.

"또 일본의 오피스 글리코(office glico)도 콘텍스트 마케팅의 성공 사례예요. 오피스 글리코는 일본의 제과회사인 글리코가 자사의 과자가 담긴 상자를 계약한 회사 사무실 한 편에 설치하고서 직원들이 돈을 넣고 사 먹도록 한 시스템이에요. '출출할 때' '밖에 나가지 않고도' 심심한 입을 달랠 수 있다는 이유로 큰 인기를 모았어요. 구글 검색에서 야구 관련 페이지가 나오면 스포츠 용품점 등의 광고가 뜨는 것도 콘텍스트 마케팅이에요."

오프라인 시장의 콘텍스트 마케팅

●오피스 글리코

오피스 글리코는 소비자가 집 다음으로 과자를 많이 먹는 곳이 사무실이라는 생활조사결과를 토대로 개발됐어요. 오피스 글리코 이용자 중 70퍼센트는 남성인데, 지금껏 남성은 과자를 많이 먹지 않는다는 이미지가 강했던 터라 의외였답니다.

●전철역 아이스크림 자동판매기

일본 전철역에 가면 아이스크림 자동판매기가 자주 눈에 띄는데, 주요 소비층은 술에 취해 귀가하는 회사원이라고 해요. 이 또한 숨겨져 있던 남성의 콘텍스트를 읽어내 성공한 사례라고 할 수 있겠네요.

10 적은 예산으로 아이디어 승부

돈이 없어도 할 수 있는 마케팅 기법을 찾는 마리 씨.
순식간에 입소문이 나는 그런 방법은 없을까?

"많은 돈을 들이지 않고도 주위를 깜짝 놀라게 할 만한 마케팅은 없을까요?"라고 묻는 마리 씨에게 경태 씨는 게릴라 마케팅(Guerrilla Marketing)을 소개했다. 게릴라 마케팅은 중소기업이 선호하는 마케팅 기법으로 적은 돈을 들여 효과적으로 제품/서비스를 홍보할 수 있다. 미국의 컨설턴트 제이 콘래드 레빈슨(Jay Conrad Levinson)이 제창한 이론이다.

게릴라 마케팅 사례

IKEA
'Everyday Fabulous(날마다 기막히게 멋진)'라는 캠페인을 전개해 거리 여기저기에 IKEA 가구를 설치했다.

일본에서도 한 출판사의 아르바이트 직원들이 같은 전철, 같은 칸에 탑승해 일제히 같은 책을 읽는 식의 게릴라 마케팅을 벌인 적이 있어요.

재미있네요.

나이키
일 년 중 단 하루만이라도 자동차를 타지 말자는 행사인 '세계 차 없는 날'에 주차위반 시 붙이는 바퀴막이와 비슷하게 생긴 광고물을 설치했다.

구체적인 방법으로는 '플래시몹(flashmob)'처럼 사람이 많이 모이는 공공장소에서 적게는 몇 명, 많게는 수십 명의 사람이 갑자기 춤을 추는 등의 퍼포먼스를 벌여 브랜드를 선전한다거나, 거리에서 상품을 선물한다거나, 기발한 아이디어로 사람들을 놀라게 해 입소문이 퍼지게 하는 등의 방법이 있다. 소비자의 뇌리에 브랜드를 각인시키는 것이 목표다. 마리 씨는 나중에 꽃집을 하게 되면 아이디어 하나로 입소문을 일으키는 게릴라 마케팅에 도전해 봐야겠다고 생각했다.

LEE
LEE 청바지로 주차요금 징수기와 맨홀 뚜껑 덮기, 가로수에 빨랫줄 설치해 청바지 걸기, 거리 행인에게 스티커를 붙이기 등 재미있는 퍼포먼스로 신규 매장 오픈을 광고했다.

Loctite
'Super Glue 3'라는 접착제의 강력한 효과를 선전하고자 길 바닥에 접착제 광고가 붙은 동전을 붙였다. 보행자가 떨어진 동전을 떼려고 아무리 애써도 떨어지지 않는 장면을 연출해 홍보 효과를 높였다.

유니세프
병원균으로 오염된 더러운 물을 파는 자동판매기를 설치해 깨끗한 물의 소중함을 어필했다.

11 스포츠 이벤트는 절호의 홍보 기회!

스포츠 중계 시 자주 보이는 간판 광고,
거액의 예산을 들여 광고를 내는 이유는?

마리 씨는 TV 스포츠 중계를 보다가 경기장 안 간판 광고에 흥미를 갖게 됐다. 경태 씨는 "저건 스폰서십 마케팅(sponsorship marketing)이예요."라고 말했다. 스폰서십 마케팅은 기업이 올림픽 등 규모가 큰 스포츠 이벤트의 스폰서가 돼 많은 사람에게 기업 또는 제품을 알리는 마케팅이다. 경기장 간판 광고뿐 아니라 포스터나 유니폼 등에 기업 로고, 제품명을 새겨 홍보하는 방법도 효과적이다.

스폰서십 마케팅, 세계를 상대로 홍보

스폰서십 마케팅이 세계적으로 알려진 계기는 1984년 로스앤젤레스 올림픽이다. 대회위원장인 피터 유베로스가 한 업종 당 한 개 회사를 '공식 스폰서'로 채택하는 제도를 도입해 거액의 운영자금 마련에 성공하면서 유명해졌다. 큰 대회일수록 홍보 효과가 높고 그만큼 스폰서 비용도 고액이다.

힘내!

올림픽이나 월드컵 등
경기 규모가 클수록 제품을
세계적으로 홍보할 수 있겠구나.

스폰서십 마케팅이 생긴 계기는 미국에서 TV·라디오를 통한 담배회사 광고가 금지되면서부터다. 미디어 광고를 대신할 광고 매체를 찾다가 발견한 곳이 스포츠 경기장의 간판 광고였다. 스폰서 금액은 꽤 비싸지만, 큰 이벤트일수록 세계 구석구석까지 기업이나 기업의 제품을 알릴 수 있기 때문에 최근 각광받고 있는 방법이다.

모든 스포츠로 퍼지는 스폰서십 제도

공식 스폰서 제도는 로스앤젤레스 올림픽을 계기로 다른 아마추어 스포츠로 퍼졌고, 유베로스가 메이저 리그의 최고 책임자로 취임하면서 프로 스포츠로도 확대됐다.

●삼성증권 사례

한국에서도 삼성증권이 테니스의 이형택, 전미라 선수를 후원해 비인기 종목인 테니스의 후원자 역할을 했어요. 또 정현 선수는 한국 최초로 메이저 대회 4강 진출이라는 역사를 쓰기도 했어요.

●레드불 사례

오스트리아의 에너지음료인 레드불Red Bull 주체로 2003년부터 열리고 있는 '레드불 에어레이스'는 레드불이 기획한 이벤트예요. 기존 대회를 후원하는 방식에서 벗어나 기업이 직접 대회를 만든 사례예요.

12 영화나 드라마 소품으로 간접 광고

영화나 TV 방송으로 자연스럽게 광고하는 PPL.
그러나 자칫하면 거부감을 줄 수도 있다.

경태 씨는 말했다. "한편 경기장이 아닌 영화나 TV 방송에서 기업 상품이나 로고 등을 자연스럽게 노출시켜 시청자에게 광고하는 PPL(Product Placement)이라는 마케팅 기법이 있어요." PPL은 1955년 영화 〈이유 없는 반항〉에서 제임스 딘이 사용한 빗을 사고 싶다는 고객 문의가 쇄도하자 여기서 힌트를 얻은 영화회사가 극중 광고를 시작하게 됐다고 한다.

오늘날의 CM과 PPL

PPL은 본문에서 소개한 '007' 시리즈뿐 아니라 세계 여러 나라의 영화나 드라마, 애니메이션, Web 등에서 많이 볼 수 있다.

●보통의 CM

또 광고야?
빨리 돌리자.

예전에는 TV 광고가 가장 유력한 광고매체였다. 그러나 TV 방송채널이 다양해지고 광고가 시작하면 바로 채널을 돌리는 사람이 많아지면서 기존 CM과는 다른 기법을 모색하게 됐다.

●PPL

저 주인공이 찬
손목시계 멋있다.

PPL은 영화나 드라마 장면 속에서 자연스럽게 제품이나 기업을 선전한다. 최근 인터넷에 '○○방송에 나온 가방은 ○○회사의 ○○'라는 식의 정보가 돌아다니면서 더 주목받게 됐다.

영화 '007' 시리즈를 예로 들어보면, 영화에는 애스턴 마틴과 도요타의 자동차, 오메가의 손목시계와 소니 에릭슨의 휴대전화, 볼랭저 샴페인 등 다양한 상품이 등장한다. PPL은 TV 광고와 달리 채널을 돌릴 수 없다는 게 강점이지만, 상품 등장 장면이 부자연스러울 정도로 많으면 보고 있는 사람에게 거부감을 줘 오히려 기업 이미지가 나빠질 수도 있다.

다양한 PPL 기법

우리가 아무 생각 없이 보고 있는 영상 속에는 다음과 같이 다양한 PPL이 등장한다.

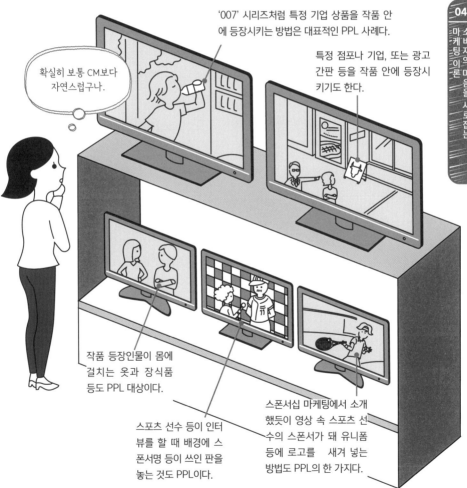

'007' 시리즈처럼 특정 기업 상품을 작품 안에 등장시키는 방법은 대표적인 PPL 사례다.

특정 점포나 기업, 또는 광고 간판 등을 작품 안에 등장시키기도 한다.

확실히 보통 CM보다 자연스럽구나.

작품 등장인물이 몸에 걸치는 옷과 장식품 등도 PPL 대상이다.

스포츠 선수 등이 인터뷰를 할 때 배경에 스폰서명 등이 쓰인 판을 놓는 것도 PPL이다.

스폰서십 마케팅에서 소개했듯이 영상 속 스포츠 선수의 스폰서가 돼 유니폼 등에 로고를 새겨 넣는 방법도 PPL의 한 가지다.

마케팅의
정량분석법

　'정량분석(定量分析)'은 수치 데이터를 토대로 분석하는 방법이다. 정량분석 방법 중 하나인 'ROS/RMS 분석'은, 업계 각사의 영업이익률 ROS(Return On Sales)를 세로축에, 상대적 시장점유율 RMS(Relative Market Share)를 가로축에 놓고 경쟁 상황을 가시화한 방법이다. 예를 들어 시장점유율이 높을수록 이익률도 높음을 알 수 있다. 그래프를 통해 경쟁사와의 차이가 일목요연해지므로 자사가 무엇을 해야 할지 방향이 명확해진다.

　나아가 RMS는 시장점유율 1위 기업은 2위와의 비율을, 2위이하 기업은 1위와의 비율을 알 수 있다.

　또 '다변량 해석(multi-variate analysis)'은 여러 데이터의 관련성을 가설에 기초해 명확히 밝히기 위한 통계적 해석법이다. 쉽게 말해 '복잡한 데이터의 상관관계 등을 알기 쉽게 풀이하는 기법'이다. 다변량 분석에는 '회귀 분석' '주성분 분석' '인자 분석' '판별 분석' '클러스터 분석' '컨조인트 분석' 등이 있다.

　'정량분석'의 결과는 중요하지만 데이터에 나타나지 않은, 배경에 깔린 고객의 마음을 읽어내는 일이 더 중요하다.

chapter.05

최신 마케팅 이론

다양한 마케팅 이론을 배운 마리 씨는
마케팅이 점점 재미있어졌다.
이번에 공부할 주제는 최신 마케팅 이론이다.

'방해'가 아닌 '동의'를 구한다

기업이 멋대로 보내는 e-메일 광고 때문에 질색한 경험, 아마 누구나 한번쯤은 있을 것이다. 이와는 반대로 잠재고객의 '동의' 얻기가 목표인 마케팅이 있다.

"광고 메일 때문에 짜증나."라고 투덜거리는 마리 씨에게 경태 씨는 퍼미션 마케팅(Permission Marketing)을 아느냐고 물었다. 퍼미션 마케팅은 야후Yahoo.com의 마케팅 담당 부사장이었던 세스 고딘Seth Godin이 제창한 방법이다. 오늘날은 소비자의 시선을 사로잡으려는 경쟁이 너무 치열해져서 사람들이 어딘가에 열중하고 싶어도 그럴 여유가 없다고 주장했다.

퍼미션 마케팅의 3대 요소

퍼미션 마케팅은 '기대되는Anticipated, 개인적인Personal, 관심을 끄는Relevant' 전략을 구사한다.

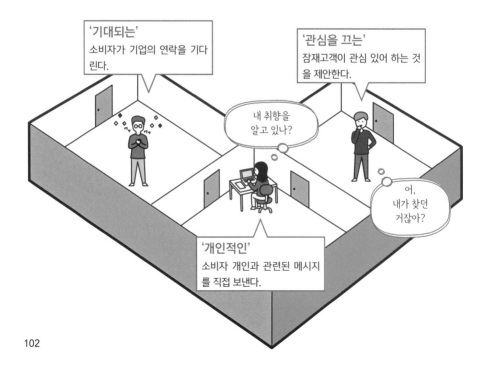

'기대되는'
소비자가 기업의 연락을 기다린다.

'관심을 끄는'
잠재고객이 관심 있어 하는 것을 제안한다.

내 취향을 알고 있나?

어, 내가 찾던 거잖아?

'개인적인'
소비자 개인과 관련된 메시지를 직접 보낸다.

고딘은 잠재고객이 무언가 구입해 주기를 원한다면 TV 광고나 전화, DM 등으로 소비자의 생활을 방해할 게 아니라, 매매 과정에 참가해도 좋다는 소비자 동의 퍼미션을 받아야 한다고 말한다. 이러한 전제 아래 '기대되는, 개인적인, 관심을 끄는' 행동을 하는 것이 퍼미션 마케팅이다. 구체적으로 아래 다섯 단계를 거쳐 잠재고객과의 관계를 구축해 나간다.

퍼미션 마케팅의 다섯 단계

퍼미션 마케팅은 다음 다섯 단계를 통과해야 진심으로
관심 있어 하는 고객을 발굴할 수 있다고 생각한다.

103

02 고객이 원하는 정보를 발신한다

관심 있는 정보에 사람은 적극적으로 반응한다.
또 이런 정보는 SNS 등을 통해 널리 퍼지기 마련이다.

경태 씨는 계속해서 "고객이 원하는 정보를 발신하는 인바운드 마케팅(Inbound Marketing)이라는 게 있어요."라고 말했다. 인바운드 마케팅은 미국의 마케팅회사 허브스팟HubSpot이 제창한 방법으로, 요즘 주목 받는 마케팅이다. '인바운드'란 고객의 문의에 답하는 활동을 가리키며, '아웃바운드'란 기업이 고객을 상대로 벌이는 텔레마케팅(전화를 통한 권유) 등의 활동을 말한다.

인바운드 마케팅 기법

인바운드 마케팅은 소비자가 알고 싶어 하는 내용을 발신해
잠재고객을 끌어들이는 방법이다.

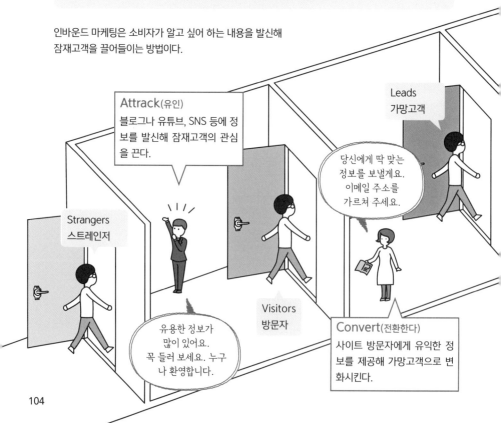

Attrack(유인)
블로그나 유튜브, SNS 등에 정보를 발신해 잠재고객의 관심을 끈다.

Leads
가망고객

당신에게 딱 맞는 정보를 보낼게요. 이메일 주소를 가르쳐 주세요.

Strangers
스트레인저

유용한 정보가 많이 있어요. 꼭 들러 보세요. 누구나 환영합니다.

Visitors
방문자

Convert(전환한다)
사이트 방문자에게 유익한 정보를 제공해 가망고객으로 변화시킨다.

인바운드 마케팅은 기업이 일방적으로 광고를 내보내 상품 구입을 강요하는 방식이 아니다. 소비자의 불편한 점, 궁금한 것, 관심 사항 등과 관련된 정보를 블로그, 동영상, SNS 등으로 발신하고서 SNS에 지속적으로 노출해 소비자가 스스로 찾아오게끔 만드는 것이 목표다. 물론 최종 목표는 제품/서비스 판매다. 기업이 전하고 싶은 정보가 아닌 고객이 원하는 정보를 발신하는 것, 인바운드 마케팅에서 가장 명심해야 할 부분이다.

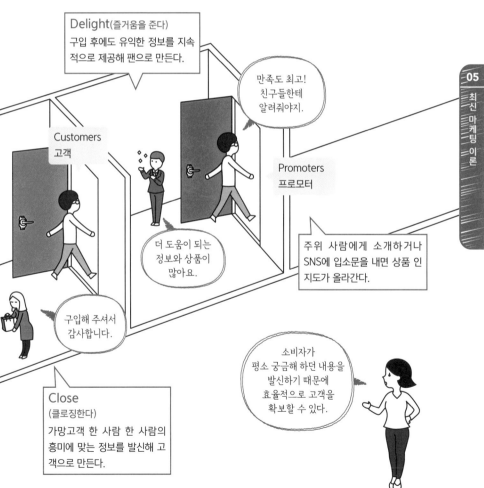

03 데이터베이스를 활용해 매출 극대화

요즘은 고객정보를 데이터베이스화해
고객 개개인에 맞는 마케팅을 구사하는 전략이 중요하다.

경태 씨는 다양한 고객정보(과거 거래 이력, 주소, 연령, 취미, 흥미·관심, 가족 관계 등)를 데이터베이스화해 고객 개개인에 맞는 서비스를 제공하는 데이터베이스 마케팅(Database Marketing)에 대해 설명했다. 그중에서도 RFM 분석이 유명한데, 기존 고객이 더 많이 구매하게 하려면 어떤 프로모션 전략을 써야 효과적인지 검토하기 위해 고안된 기법이다.

RFM 분석이란?

RFM 분석은 효과적인 프로모션 방안을 검토하고자 고안된 분석법으로, 1960년대 미국에서 다이렉트 메일의 회신율을 향상시키고자 많이 사용됐다.

RRecency = 최근 구매일
최근에 언제 구입했는가?

FFrequency = 구매 빈도
얼마나 자주 구입하고 있는가?

MMonetary = 누적 구매액
지금까지의 총 누적 구매액은 얼마인가?

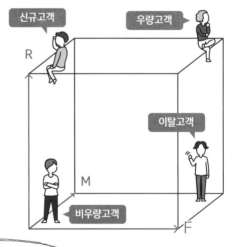

F나 M이 높아도 R이 낮으면
고객이 경쟁사로 유출됐을 가능성이 높아요.
또 R이나 F는 높은데 M이 낮은 고객은
구매력이 떨어져요. RFM으로 분석하면
고객의 다양한 경향을 읽을 수 있어요.

또 데이터베이스 마케팅을 잘 활용한 전략 중에 원투원 마케팅(One to One Marketing)
이 있다. 고객 개개인의 니즈, 과거 구매 이력 등을 토대로 고객이 '개별 응대'
'1:1 관계'라고 느낄 정도로 대응 밀도를 높여 기존 고객의 충성심을 끌어올리는
마케팅 기법이다. 고객의 과거 구입 이력 행태를 분석해 고객이 관심을 가질만한
책을 표시하는 아마존의 개별 맞춤 웹 페이지도 원투원 마케팅의 좋은 사례다.

매스 마케팅과 원투원 마케팅

기존의 매스 마케팅이 모든 소비자에게 획일화된 방법을 밀어 붙이던 전략이라면, 원투원 마케팅은 고
객의 구입 이력 및 행동 이력 등을 분석해 한 사람 한 사람의 니즈에 맞는 개별 마케팅을 구사하는 전략
이다.

매스 마케팅

여러분,
이번에 50% 할인
행사를 합니다.

TV, 라디오, 신문, 잡지 등의 매체를 통해
모든 소비자를 대상으로 동일한 메시지를
전한다.

원투원 마케팅

고객님이 찾던
구두가 50% 할인
중이에요.

전에 살까 말까
망설이던 구두가
30% 할인 중인데
어떠세요?

저 구두 말인데요.
이번에 40% 할인된
가격으로 살 수
있어요.

IT 발달과 소비자 가치관 다양화로 고객
의 속성과 기호에 맞춘 마케팅이 중시되는
추세다.

단골 가게 주인이
"자주 오시니까 하나 더
드릴게요."라고 말하는 것도
원투원 마케팅이에요.

손님 오늘은
이거 싸게
드릴게요.

어머,
고마워요.

04 고객중심으로 마케팅 활동을 통합한다

마케팅에서 고객이 중요하다는 사실을 통감한 마리 씨는
고객지향 마케팅을 하면 되지 않을까, 하는 생각이 들었다.

마리 씨는 "고객의 요구를 반영하는 마케팅 기법이 있나요?"라고 경태 씨에게 물었다. 경태 씨의 대답은 이러했다. "코틀러가 2002년에 저서 《필립 코틀러의 마케팅 리더십》에서 제창한 **홀리스틱 마케팅**(Holistic Marketing)이 고객지향 마케팅으로 유명해요. 모든 사업의 출발점은 개별 고객의 필요 충족이라는 인식 아래, 회사 안팎의 모든 경영 자원을 적절히 융합해 전사적 시점에서 마케팅을 전개하는 방법이에요."

홀리스틱 마케팅이란?

홀리스틱 마케팅이 성공하려면 다음 네 가지 마케팅 요소를 잘 융합해야 한다고 코틀러는 말한다.

릴레이션십 마케팅
(Relationship Marketing)
회사 안팎의 다양한 이해관계자와의 관계를 강화하는 마케팅으로, 깊은 고객 신뢰를 구축하는 'CRM(82쪽)', 사원이나 공급자, 대리점, 주주 등과 우호적인 관계를 구축하는 '파트너 관계 매니지먼트' 두 가지가 있다.

우리 회사의 마케팅 전략은 통일감이 있는가?

통합 마케팅
(Integrated Marketing)
제품·가격·유통·프로모션의 마케팅 믹스에 판매촉진, 다이렉트 마케팅, 대면 판매 등도 추가한 통합 커뮤니케이션 믹스를 한다.

경태 씨는 설명을 이어갔다. "홀리스틱 마케팅에 사용되는 네 가지 마케팅 요소는 ①릴레이션십 마케팅, ②통합 마케팅 커뮤니케이션(68쪽), ③내부 마케팅(176쪽), ④사회적 책임 마케팅이에요. 네 가지 마케팅을 잘 배합해 고객점유율, 고객충성도, 고객생애가치를 높여 이익과 성장 두 마리 토끼를 모두 잡으려는 전략이지요."

05 게임으로 고객을 움직인다

게임의 매커니즘, 사고방식을 접목한 마케팅도 있다.
최근 폭넓은 분야에서 활용 중이다.

스마트폰으로 게임을 하고 있는 마리 씨에게 경태 씨는 "게임을 응용한 마케팅 기법도 있어요."라고 말했다. 게이미피케이션(Gamification)은 재미와 몰입이라는 게임 특유의 기법과 사고방식을 게임 이외의 분야에 적용해 이용자의 동기를 자극함으로써 소비자의 행동을 변화시키고 목표 행동을 재촉하는 방법이다. 요즘 스마트폰이나 SNS이 널리 보급되면서 게이미피케이션 운용이 더 쉬워졌다.

네 가지 게임 유형

영국의 게임학자인 리처드 바틀Richard Bartle은 게임 유저의 성격에 따라 사람을 네 가지 유형으로 분류했다. 이 '바틀의 플레이어 유형'은 게이미피케이션에도 반영됐다.

성취형(Achiever)
또 레벨 업!

'달성'에 만족감을 느끼는 타입으로 퀘스트*를 수행하거나 칭호를 모으는 일에 기쁨을 느낀다.

탐색형(Explorer)
드디어 새로운 스테이지에 도전할 차례네!

'탐험' 자체에 만족감을 느끼는 타입. 새로운 지식을 얻거나 미지의 영역에 발을 들이는 모험적인 체험을 좋아한다.

사교형(Socializer)
오프라인 모임 어때?

다른 플레이어와의 관계 형성이 즐거운 타입. 채팅이나 게시판 활동에서 느끼는 만족감이 크다.

공격형(Killer)
송사리들이 기를 써봐야 헛수고지!

자신이 우위에 있는 즐거움을 누리는 타입. 랭킹 등에서 다른 사람보다 강하다는 게 확인됐을 때 큰 만족감을 느낀다.

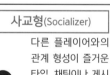

*quest, 온라인 게임에서 성취해야 하는 임무

예를 들어 나이키 어플 서비스인 '나이키 플러스'에는 스마트폰을 통해 소비 칼로리, 보행수, 이동 거리 등이 자동 기록되는 기능이 있다. 뿐만 아니라 페이스북과 연동해 친구와 경쟁하거나 반대로 격려 받는 기능도 탑재해 고객이 지속적으로 나이키 제품을 이용하게 만들었다. 게이미피케이션은 최근 피트니스 업계나 인재 교육 등 폭넓은 분야에서 주목받고 있다.

게이미피케이션의 4가지 작동 요소

미국의 게임디자이너 제인 맥고니걸(Jane McGonigal)은 '즉시적 낙관주의' '행복한 생산성' '튼튼한 사회망' '웅대한 의미' 등 '게이미피케이션을 작동시키는 요소'를 제시했다.

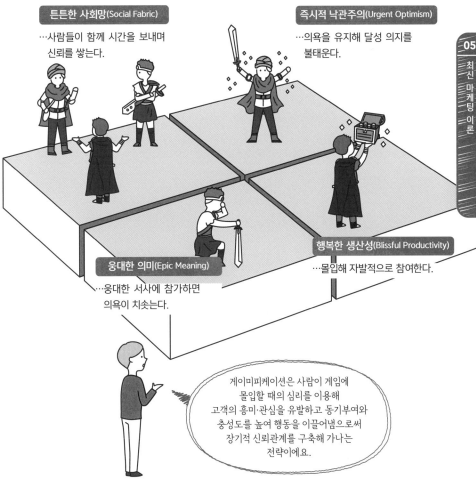

튼튼한 사회망(Social Fabric)
···사람들이 함께 시간을 보내며 신뢰를 쌓는다.

즉시적 낙관주의(Urgent Optimism)
···의욕을 유지해 달성 의지를 불태운다.

웅대한 의미(Epic Meaning)
···웅대한 서사에 참가하면 의욕이 치솟는다.

행복한 생산성(Blissful Productivity)
···몰입해 자발적으로 참여한다.

게이미피케이션은 사람이 게임에 몰입할 때의 심리를 이용해 고객의 흥미·관심을 유발하고 동기부여와 충성도를 높여 행동을 이끌어냄으로써 장기적 신뢰관계를 구축해 가는 전략이에요.

06 품절 없는 마케팅

눈부시게 발달하는 인터넷과 오프라인 매장을 합치면?
품절 사태를 막는 전략에 대해 알아보자.

재고가 없어 옷을 못 샀다는 마리 씨의 얘기를 듣고 경태 씨는 "품절 사태는 방지하는 방법을 알아요?"라고 물었다. 엔드리스 아일(Endless Aisle)은 오프라인 점포에서 품절된 상품을 매장에 설치된 스마트폰이나 태플릿 단말기로 자사 인터넷 쇼핑 사이트에 접속해 주문하는 서비스다. 엔드리스 아일은 온-오프라인을 하나로 합친 옴니채널(omni-channel)이라는 전략의 한 형태다.

옴니채널이란?

소비자의 상품 구입 채널은, 매장과 고객만 존재하는 '싱글채널'에서 매장, 카탈로그 통신판매, 온라인 쇼핑몰 사이트와 고객이 개별적으로 연결되는 '멀티채널'을 거쳐 매장과 통신판매, 온라인 쇼핑몰 사이트 등이 모두 일괄 관리되는 '옴니채널'로 변화를 거듭했다.

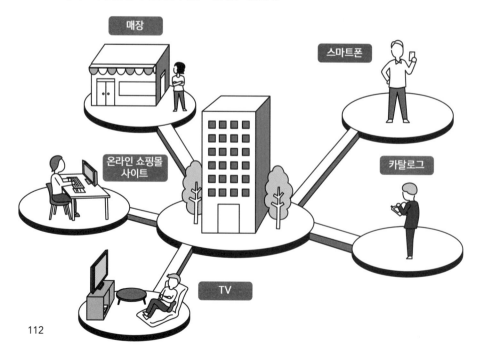

오프라인 매장에서 물건이 품절되면, 지금까지는 예약해 두고 물건이 들어올 때까지 기다리거나 다른 매장이나 인터넷 사이트에서 검색해 조달해야 하는 탓에 오프라인 매장 입장에서는 기회 손실이 컸다. 하지만 엔드리스 아일이 채용되면서 이러한 걱정이 사라졌다. 요즘은 오프라인 매장을 운영하는 회사가 자사 인터넷 쇼핑몰과 매장을 연동시키려는 움직임이 활발해지고 있다.

엔드리스 아일이란?

엔드리스 아일이란 영어로 '끝이 없는 복도'라는 의미로 재고가 없어 고객을 놓치는 사태를 방지하는 방법이다. '엔드리스 셸프(Endless Shelf), 끝이 없는 선반'라고 부르기도 한다.

07
온라인과 오프라인은
경쟁 관계가 아니다?

인터넷 쇼핑몰과 오프라인 매장이 경쟁 관계라는 말은 옛말?
서로 보완하면 더 크게 성장하는 길이 열린다.

경태 씨는 "쇼루밍(showrooming)을 알아요?"라고 마리 씨에게 물었다. "몰라요"라는 마리 씨에게 경태 씨는 말했다. 쇼루밍이란, 오프라인 매장에서 상품을 본 다음 그 매장에서 구입하지 않고 온라인 쇼핑몰에서 구입하는 쇼핑 행태를 말한다. 구경은 오프라인, 구입은 온라인인 식이다. 그러나 온-오프라인 매장은 대립 관계가 아니라고 주장하는 기업도 있다.

쇼루밍이란?

예를 들어 일본의 생활용품 브랜드인 무인양품(無印良品, MUJI)에서는 고객과의 접점 유지를 위해 'MUJI passport' 어플을 제공한다. 어플에는 무인양품의 회원증, 매장·온라인 스토어에서 물건 구입 시 마일리지가 쌓이는 기능 등이 탑재되어 있다. 이러한 방법으로 고객과 장기적인 관계성을 구축해 결과적으로 고객이 무인양품의 온-오프라인 매장에 자주 내점하도록 만들려는 의도다.

MUJI passport의 구조

스마트폰에 모바일 어플 'MUJI passport'를 설치하면 오프라인 및 온라인 스토어에서 물건 구입 시 'MUJI 마일리지'가 쌓이는 등 다양한 서비스를 이용할 수 있다.

08 신용카드 회사의 마케팅 전략

오늘날 소비활동에 없어서는 안 되는 신용카드.
카드회사는 어떤 마케팅 전략을 펼칠까?

신용카드로 결제하는 마리 씨에게 경태 씨는 신용카드회사의 새로운 마케팅 기법에 대해 이야기했다. "CLO라고 들어 본 적 있어요? 카드회사가 회원의 구매 이력을 분석해 회원이 좋아할만한 매장의 혜택쿠폰을 전송·제공하는 방식인데, 회원은 카드회사가 보낸 혜택 중 맘에 드는 걸 골라 신청하기만 하면 돼요. 그러면 나중에 그 매장에 가서 카드로 결제할 때 자동으로 할인 쿠폰이나 캐시백 등의 혜택을 받을 수 있어요."

CLO의 구조

2008년경부터 미국에서 시작된 CLO(Card Linked Offer)는 신용카드 이용자의 속성과 결제 이력 등을 참고해 쿠폰이나 혜택을 표시하는 시스템이다.

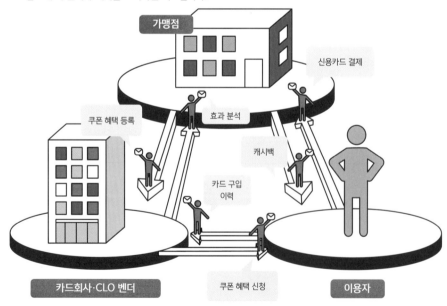

"CLO는 회원, 매장, 카드회사 모두에게 이익이에요. 카드 회원은 자신에게 맞는 혜택 정보만 받을 수 있고 점포에서 혜택이 적힌 종이를 제시하거나 스마트폰 어플을 켜지 않아도 되니 편리해요. 또 매장은 타깃고객만 공략할 수 있어 새로운 설비 투자를 하거나 운영 방식을 변경할 필요가 없습니다. 또 카드회사는 카드 회원의 인당 이용금액이 증가하니 이익이지요."

CLO의 장점

CLO는 이용자, 신용카드 회사, 가맹점 모두에게 이익이기 때문에 요즘 우리나라에서도 주목받는 서비스다.

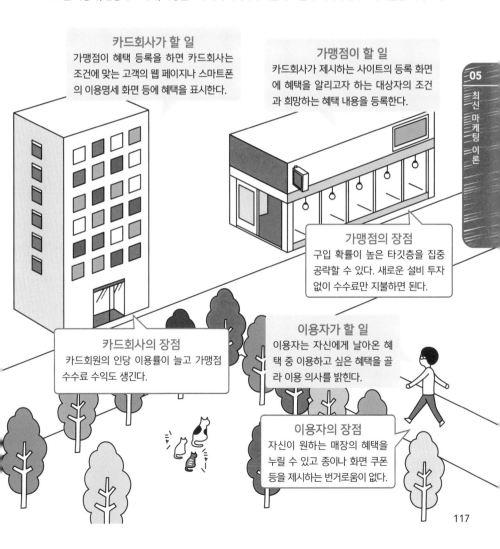

카드회사가 할 일
가맹점이 혜택 등록을 하면 카드회사는 조건에 맞는 고객의 웹 페이지나 스마트폰의 이용명세 화면 등에 혜택을 표시한다.

가맹점이 할 일
카드회사가 제시하는 사이트의 등록 화면에 혜택을 알리고자 하는 대상자의 조건과 희망하는 혜택 내용을 등록한다.

가맹점의 장점
구입 확률이 높은 타깃층을 집중 공략할 수 있다. 새로운 설비 투자 없이 수수료만 지불하면 된다.

카드회사의 장점
카드회원의 인당 이용률이 늘고 가맹점 수수료 수익도 생긴다.

이용자가 할 일
이용자는 자신에게 날아온 혜택 중 이용하고 싶은 혜택을 골라 이용 의사를 밝힌다.

이용자의 장점
자신이 원하는 매장의 혜택을 누릴 수 있고 종이나 화면 쿠폰 등을 제시하는 번거로움이 없다.

09 애플, 페이스북의 마케팅 전략

회사를 경영 중인 경태 씨에게 애플은 꿈의 기업이다.
애플처럼 앞서가는 기업은 어떤 경영 전략을 펼치고 있을까?

경태 씨는 자신이 동경해 마지않는 애플사가 어떤 경영 기법을 채용하고 있는지 마리 씨에게 이야기했다. 애플은 경영 컨설팅 회사인 베인앤컴퍼니Bain & Company가 제창한 넷 프로모터(Net Promoter) 경영 기법을 도입했다. 넷 프로모터는 '고객만족도'에 초점을 맞춘 경영 기법으로 고객만족도 측정을 위해 'NPSNet Promoter Score, 순수 추천 고객 지수'라는 지표를 사용한다는 점이 특정이다.

NPS 산출 방법

① 조사대상자에게 추천 의사가 있는지를 0~10의 11단계 중에서 선택하게 한다.
② 10과 9를 '추천고객', 8과 7을 '중립고객', 6~0을 '비판고객'이라고 설정한다.
③ 추천고객 비율(%)에서 비판고객 비율(%)을 뺀 수치가 NPS이다.

NPS란, 제품이나 서비스, 브랜드, 기업 등에 대한 고객의 로열티충성도 지수를 측정하는 지표이다. 소비자에게 '당신은 이 제품/서비스를 친구나 동료에게 추천하고 싶습니까?'라고 질문한 다음 0~10의 11단계 중에서 선택하도록 한다. 10~9는 '추천고객(Promoter)', 8~7은 '중립고객(Neutral)', 6이하는 '비판고객(Detractor)'으로 규정한다. 추천고객이 차지하는 비율에서 비판고객이 차지하는 비율을 뺀 수치가 NPS다.

'악플'은 기회다?

　블로그나 SNS 등의 소셜미디어에서 주목 받는 마케팅 기법 중 하나가 고의적으로 '악플'을 이용하는 '노이즈 마케팅(Noise Marketing)'이다. 노이즈 마케팅의 유명한 성공사례로 루마니아의 국민과자이며 실제로 제품 포장 디자인이 루마니아 국기인 초콜릿 브랜드 'ROM'을 들 수 있다.

　ROM의 제조회사는 매출이 계속 떨어지는 상황을 타개하고자 포장에 인쇄된 루마니아 국기를 미국 국기인 성조기로 바꾼다고 웹 사이트에 알렸다. 국민의 자존심을 건드려 의도적으로 '악플'을 부추긴 것이다. 소란이 일자 포장을 원래로 되돌린 다음 '국민의 애국심 때문에 다시 원상 복귀했다'고 발표했더니 기업 매출이 껑충 뛰었다. 이 기업은 칸 국제광고대회에서 그랑프리를 수상하기도 했다.

　단 노이즈 마케팅이 성공한 사례는 소수에 불과하며 오히려 브랜드 이미지가 훼손될 위험이 있으므로 조심해야 한다. 최근에는 익명으로 활동할지라도 누군지 밝히는 일이 어렵지 않게 됐다. 실제로 명예훼손 등으로 거액의 배상금을 무는 일이 계속 증가하고 있으므로 신중히 행동해야 한다.

chapter.06

잘 나가는 기업의
비즈니스 모델①

영미 씨

이번에 마리 씨는 경영 컨설턴트로 일하는 영미 씨를 만나러 갔다.
영미 씨에게 우리 주변의 익숙한 매장들은
어떤 비즈니스 모델을 전개하고 있는지 배울 생각이다.

01 세븐일레븐과 스타벅스의 전략

경영 컨설턴트인 영미 씨는 주변에서 쉽게 볼 수 있는 점포들이
어떤 마케팅 전략을 펼치고 있는지 쉽게 설명해 줬다.

마리 씨는 영미 씨와 카페에서 이야기를 나눴다. 영미 씨는 "특정 지역의 고객에
집중하는 도미넌트(Dominant) 전략이라고 들어 봤어요?"라고 물었다. "스타벅스나
세븐일레븐이 도입한 전략인데, 좁은 지역에 여러 점포를 내서 물류 효율성을 높
이는 방법이에요. 선전효과가 커 지역 인지도가 올라 갈뿐 아니라 경쟁사 시장
진입도 막을 수 있어요(진입 장벽)."

특정 지역 다점포 전략

●기존의 출점 전략

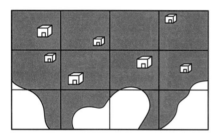

체인점 확대 시 동종 업계 간 경쟁을 막고자
전국 단위로 출점.

●도미넌트 전략

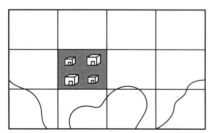

특정 지역에 집중 출점해 지역 내
시장점유율을 압도적으로 높인다.

영미 씨는 계속 설명했다. "이를테면 일본의 편의점은 초창기에 술을 파는 곳과 팔지 않는 곳이 있었는데, 세븐일레븐은 처음부터 주류 취급점을 가맹점에 포함시켜서 술도 파는 편의점이라는 차별화 전략에 성공했어요. 제품이 다양하고 직원이 친절하면 단골 고객이 많아지고, 나중에 근접 지역으로 진출해 점포가 늘면 시장점유율 넘버원이라는 인식도 심어줄 수 있어요. 같은 계열 점포가 가까이 있으면 서로 잠식할 가능성도 있지만 그 위험을 감안해도 장점이 더 많아요."

도미넌트 전략의 장점

도미넌트 전략은 다양한 지역의 고객을 상대하지 않고 특정 지역 고객에게 집중하는 전략이다.

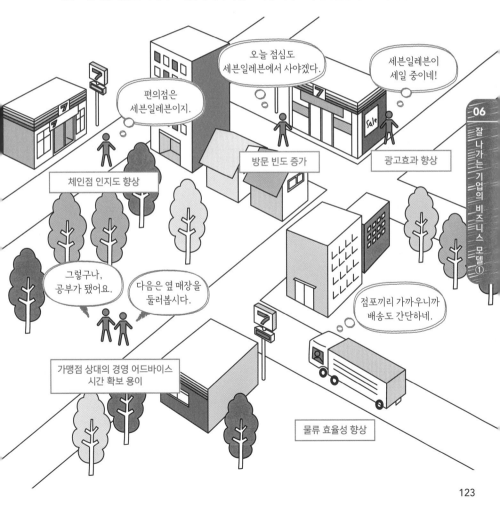

QB하우스, 너무 싸서 남는 게 있을까?

일본의 저가 이발소인 QB하우스는 커트가 싸기로 유명하다.
저렴함 뒤에 숨겨진 특유의 전략을 살펴보자.

QB하우스 앞을 지나가던 마리 씨는 "커트가 만 원이라니, 정말 싸지 않아요? 인건비 등은 괜찮을까요?" 하고 영미 씨에게 물었다. 영미 씨는 대답했다. "QB하우스는 블루오션 전략(54쪽)으로 전혀 새로운 시장을 개척했어요. 블루오션을 찾으려면 '늘리고' '줄이고' '추가하고' '덜어내는' 사고가 필요해요. 특히 '줄이고' '덜어내면' 의외로 쉽게 독자적인 비즈니스 모델을 찾을 수 있어요."

기존의 이발소 vs QB하우스

● 기존 이발소(레드오션)
경합 상대가 많아 경영을 유지하려면 경쟁에서 이겨야 한다.

니즈
쉬는 날이니 여유롭게 기분전환하고 싶어.

이발소는 이미 포화 상태인데다가 운영 방식도 다 똑같고…. 아무래도 신규 진입은 어렵겠는 걸?

기존 이발소 사례(DATA)
소요시간: 약 1시간
서비스: 헤어 커트, 수염 정리, 마사지, 드라이 세팅
요금: 4만 원 정도
장소: 집 근처

QB하우스는 이발소의 기존 서비스에서 샴푸, 드라이 세팅, 수염 정리, 마사지 등의 요소를 '덜어내'는 대신 10분 안에 종료, 요금 10,800원이라는 요소를 '추가'해 새로운 비즈니스 모델을 만들었다. 평일 빈 시간, 회사 근처에서 싸고 빠르고 손쉽게 커트를 해결하고 싶다는 바쁜 회사원들의 니즈를 만족시킨 것이다. 고객 회전도 빨라 수익률이 높고 종업원 급여도 좋다고 한다.

●QB하우스(블루오션)

지금껏 없었던 새로운 시장을 개척해 이익 창출에 성공했다.

오른쪽 DATA를 보면 수염 정리, 마사지, 드라이 세팅 등의 요소가 빠지고 10,800원이라는 요소가 추가됐어요. 블루오션 개척의 성공 비결이 바로 이거군요.

●QB하우스 사례(DATA)

소요시간: 10분
서비스: 헤어 커트
요금: 10,800원
장소: 오피스 밀집 지역, 역이나 역 주변

니즈
평일 업무 빈 시간에 사무실 가까이에서 싸고 빠르고 부담 없이 커트할 곳이 있었으면 좋겠어.

아하, 이게 새로운 시장이구나.

늘린다
업계 표준과 비교해 과감히 늘릴 요소는 무엇인가?

줄인다
업계 표준과 비교해 과감히 줄일 요소는 무엇인가?

추가하다
지금껏 업계에서 하지 않은, 앞으로 추가해야 할 요소는 무엇인가?

덜어낸다
업계 상식이라 여겨지는 서비스 중에서 덜어내야 할 요소는 무엇인가?

03 질레트와 네스프레소의 비즈니스 모델

본체를 싸게 팔고 소모품으로 이익을 올리는 질레트와 네스프레소.
두 회사의 한 발 앞선 전략을 파헤쳐보자.

영미 씨는 마리 씨에게 "질레트(Gillette) 모델이라고 알아요?" 하고 물었다. "질레트라고 하면, 그 면도기 회사요?"라고 마리 씨가 되묻자, "맞아요. 바로 그 질레트에서 시작된 비즈니스 모델이 있어요."라고 영미 씨가 답했다. 질레트 모델은 면도기와 면도날을 따로 판매하는 비즈니스 모델로, 면도기 본체를 싸게 팔아 널리 보급시킨 뒤 교체용 면도날로 수익을 올리는 방법이다. '면도기-면도날' 모델이라고도 한다.

본체는 저렴히, 부속품은 꾸준히

1년 뒤
면도기를 산 고객은 면도날도 사게 되므로 지속적으로 이익이 발생한다.

현시점
면도기만 팔아봤자 몇 천 원밖에 안 돼서 이익이 별로 남지 않는다.

질레트 모델이란 면도기 본체를 싸게 팔아 보급률을 높인 뒤 부속 소모품을 지속적으로 판매하는 비즈니스 모델이에요.

싸네요.

또 커피 제조업체인 네슬레(Nestle)도 질레트 모델을 도입했다. 커피머신을 저렴한 가격에 판 뒤 전용 커피캡슐 판매로 수익을 올리는 구조다. 특히 네슬레 저팬은 커피머신 설치를 희망하는 회사나 개인 사무실에 기기를 무상으로 빌려주는 독자적인 방법을 고안했다. 직원 중 한 명이 커피 캡슐을 신청하고 사무실 동료에게 커피 값을 회수하는 방식으로 운영한다.

네스프레소 비즈니스 모델의 '다섯 가지 포인트'

⑤수익
…네스프레소 판매 수익+지속적인 커피캡슐 수익

③경영 자원
…커피머신의 세련된 디자인

②고객가치
…직장 또는 가정에서 방금 내린 커피를 부담 없이 맛있게 즐길 수 있다.

네스프레소 머신 자체가 상품인 동시에 캡슐 판매원이야. 이렇게 고마울 수가…

네슬레 사원

①고객
…직장이나 가정에서 막 추출한 커피의 향과 맛을 즐기고 싶은 사람

④차별화
…브랜드 있는 식품회사가 생활가전제품(네스프레소머신)을 판매한다.

ZARA에는 왜 늘 신상품이 있을까?

늘 새로운 아이템이 진열돼 있는 ZARA.
군더더기라고는 찾아볼 수 없는 ZARA의 비즈니스 모델은?

마리 씨는 ZARA에 가면 항상 새로운 아이템이 있는 게 신기했다. 영미 씨에게 물자, "ZARA의 SPA 비즈니스 모델 덕분이에요."라는 대답이 돌아왔다. SPA 비즈니스 모델에서는 생산부터 판매에 이르는 모든 과정을 제조회사가 주도하고 일련의 과정을 IT로 관리해 군더더기를 없앴다. 물류도 자사 보유 트럭으로 해결한다. 결과적으로 신상품을 발 빠르게 선보이고 재고 리스크를 줄일 수 있다.

SPA란?

ZARA는 자사 브랜드 상품의 기획부터 판매에 이르는 모든 과정을 자사가 도맡아 진행하는 SPA 비즈니스 모델을 도입했다.

● 기존 의류 사업

중간 공정을 타사에 의뢰한다. 디자인부터 매장 진열까지 반년 쯤 걸리기 때문에 유행이 바뀌어 할인판매 해야 하는 상황에 내몰리기도 한다. 그래서 처음부터 가격을 높이 설정하는 경향이 있다.

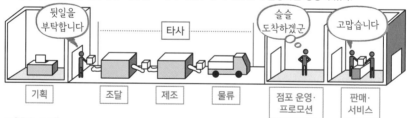

● SPA 모델

가치 사슬 전 과정의 정보를 공유하기 때문에 과다 제작을 방지해 비용이 절감된다. 또 그때그때 유행에 맞는 상품을 제작하기 용이하다.

또 ZARA는 같은 상품을 일정 수량만 만든다. 상품이 다 팔리면 같은 제품을 다시 판매하지 않는다. 그 대신 유행하는 디자인을 발 빠르게 상품화해 2주 동안만 판매하는 노하우를 가지고 있다. 맘에 드는 물건을 발견했을 때 그 자리에서 구입하지 않으면 품절될지 모른다는 희소성 어필 전략이라서 한 번 산 사람은 자주 매장을 찾게 되고 반복 구매로 이어진다.

ZARA의 비즈니스 모델

ZARA는 젊은 디자이너를 대거 고용해 유행하는 디자인을 빠르게 상품화한다. 또 매장 레이아웃과 상품을 자주 바꿔 신선함을 주기 때문에 동종 업계 다른 패션브랜드에 비해 한 사람당 방문 회수가 약 6배나 높다고 한다.

모두의 눈길을 사로잡는
프로젝션 맵핑

'프로젝션 맵핑(Projection Mapping)'이란 프로젝터를 사용해 건물이나 물체, 또는 공간 등에 영상을 투사하는 기술을 말한다.

투사 대상물인 건물이나 물체의 정확한 데이터를 계측해 영상과 정확히 겹치도록 투사한다.

컴퓨터 그래픽CG 등을 활용해 거대 괴물이 건물을 기어오르는 모습을 연출하거나 건물 형태를 변형시키는 등 환상적인 퍼포먼스를 즐길 수 있어 요즘 인기를 끌고 있다. 유명 역사 등 도시 랜드마크를 대상으로 기획한 대규모 프로젝션 맵핑 이벤트에 수많은 인파가 몰려 중지되는 사태가 벌어지기도 한다.

프로젝션 맵핑은 빛과 소리를 이용한 기존의 불꽃놀이나 분수 쇼 등과 같은 이벤트·퍼포먼스에 비해 현재 존재하는 사물에 투사하기 때문에 규모에 따라 다르지만 비교적 적은 비용으로 기획할 수 있다. 마케팅이나 집객 이벤트 등에 앞으로 더 다채롭게 활용되리라 기대된다.

chapter.07

IT/소셜미디어 마케팅

삼촌

앞으로 웹 미디어 없는 마케팅은
생각할 수 없으리라 생각한 마리 씨.
마리 씨는 IT 기업에 근무하는 삼촌에게
웹 마케팅 강의를 듣기로 했다.

01 격변하는 웹 미디어

나날이 진화 중인 웹 미디어.
미래 마케팅에 웹 미디어는 필수!

앞으로는 꽃집에도 온라인 마케팅이 필요하다고 생각한 마리 씨는 웹 미디어의 역사를 조사 중이다. 이 이야기를 듣고 IT 기업에 근무하는 삼촌이 강의해 주기로 했다. "인터넷 여명기인 1990년대 중반에는 홈페이지를 개설한 기업도 많지 않았어. 1999년 이후가 돼서야 겨우 휴대전화로 인터넷에 접속할 수 있게 됐단다."

미디어 변천사

웹 미디어 발달로 매스미디어가 대중에게 일방적으로 정보를 발신하던 시대가 저물고 양방향 시대가 되면서 개인 간의 교류, 기업과 개인 간의 교류가 활발해졌다. 앞으로는 실시간성, 개인과 기업 간의 지속적인 대화의 중요성 등이 더 부각될 것으로 보인다.

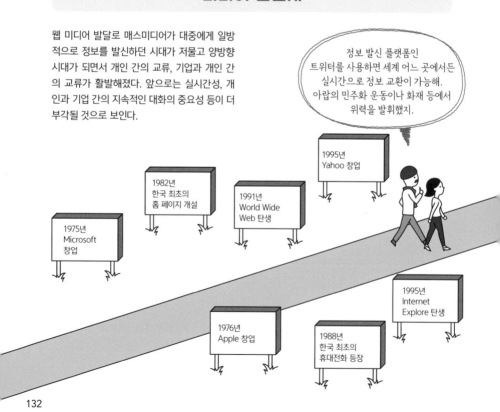

2004년 즈음에 블로그 등의 **소셜미디어**가 등장해 개인이 정보를 발신하는 시대가 됐다. 2006년경 블로그 갱신 정보나 뉴스 요약 등을 한곳에서 받아볼 수 있는 RSS가 등장하면서 각자가 자신만의 웹을 즐기는 **마이 미디어**로 진화했다. 이용자가 자신의 사용 환경에 맞춰 표시 내용을 편집할 수 있게 된 것이다. 2010년경부터 스마트폰이 보급되면서 페이스북, 트위터 등이 일상 깊은 곳까지 들어왔고 개인과 개인, 기업과 개인 간의 교류가 활발해졌다. 나아가 2014년경부터는 인스타그램, 카카오톡, 라인 등이 인기를 끌었다.

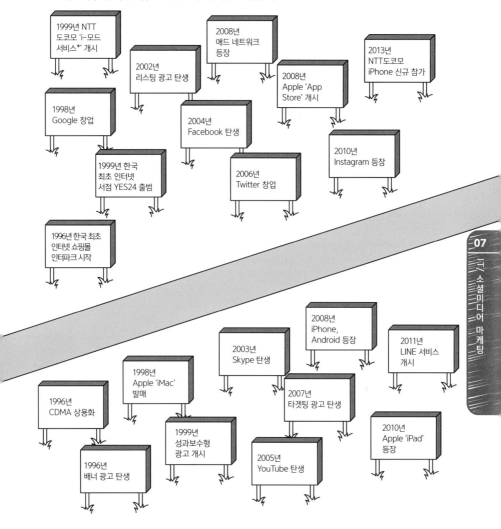

1999년 NTT 도코모 'i-모드 서비스*' 개시

2002년 리스팅 광고 탄생

2008년 애드 네트워크 등장

2013년 NTT도코모 iPhone 신규 참가

1998년 Google 창업

2008년 Apple 'App Store' 개시

2004년 Facebook 탄생

1999년 한국 최초 인터넷 서점 YES24 출범

2006년 Twitter 창업

2010년 Instagram 등장

1996년 한국 최초 인터넷 쇼핑몰 인터파크 시작

2003년 Skype 탄생

2008년 iPhone, Android 등장

2011년 LINE 서비스 개시

1998년 Apple 'iMac' 발매

2007년 타겟팅 광고 탄생

1996년 CDMA 상용화

1999년 성과보수형 광고 개시

2010년 Apple 'iPad' 등장

1996년 배너 광고 탄생

2005년 YouTube 탄생

*i-모드 서비스: 일본 최대 이동통신사인 NTT도코모에서 제공하는 세계 최초의 휴대전화용 무선인터넷 서비스

02 세 미디어의 연계가 중요

디지털 시대의 중요 전략인 트리플 미디어 마케팅.
트리플 미디어란 무엇일까?

마리 씨의 삼촌은 최근 디지털 마케팅 분야에서 자주 거론되는 트리플 미디어 (Triple Media)에 대해 설명해 주었다. 트리플 미디어는 2009년 일본 광고주협회가 제창한 개념으로 페이드 미디어(Paid Media), 온드 미디어(Owned Media), 언드 미디어 (Earned Media) 세 미디어를 가리킨다. 트리플 미디어를 유기적으로 잘 연계해 잠재 고객을 자사 고객으로 만드는 전략이 중요하다.

트리플 미디어의 역할

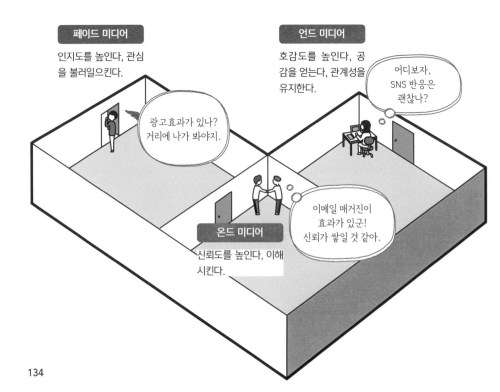

페이드 미디어
인지도를 높인다, 관심을 불러일으킨다.

광고효과가 있나? 거리에 나가 봐야지.

언드 미디어
호감도를 높인다, 공감을 얻는다, 관계성을 유지한다.

어디보자, SNS 반응은 괜찮나?

온드 미디어
신뢰도를 높인다, 이해시킨다.

이메일 매거진이 효과가 있군! 신뢰가 쌓일 것 같아.

삼촌 설명에 따르면, 페이드 미디어는 구입하는 미디어, 즉 인지도를 높여 관심을 끌기 위한 광고다. 온드 미디어는 기업 소유 미디어로 회사 홈페이지나 블로그, 이메일 매거진 등 자사가 직접 운영하는 매체를 말하며 회사에 대한 이해와 신뢰도를 높인다. 언드 미디어는 신뢰와 평판을 얻는 미디어로 SNS, 입소문 게시판 등이 있으며 자사가 컨트롤 할 수 없다는 특징이 있다. 각 미디어 성격에 맞게 역할을 잘 배분하는 전략이 필요하다.

세 미디어의 연계가 중요

세 미디어는 독립적으로 존재함과 동시에 서로 콘텐츠의 발신자, 확산자, 중개자라는 상호관계가 성립한다. 세 미디어가 조화롭게 기능할 때 고객도 늘어난다.

온드 미디어(발신자)

소유하는 미디어, 즉 기업이 운영하기 때문에 조절 가능한 미디어다. 구체적으로는 회사 홈페이지, 이메일 매거진, 자사 운영 사이트, 블로그, 자사 점포나 상품 포장 등. 오프라인 점포 등도 포함된다.

페이드 미디어(중개자)

비용을 지불하는 미디어. 구체적으로는 TV·라디오 광고, 신문, 잡지, 온라인, 옥외 광고, 전단지 등. 요즘 페이드 미디어(광고) 효과가 떨어지는 추세다.

언드 미디어(확산자)

신뢰나 평판을 얻는 미디어, 즉 SNS 입소문 게시판, 유튜브, 자사 이외의 블로그, 온라인 쇼핑몰의 입소문이나 리뷰 등. 자사가 컨트롤할 수 없다는 점이 특징.

03 온라인 시대의 소비행동을 읽다

인터넷 보급 영향으로 크게 바뀐 소비행동 흐름은?

온라인 시대의 소비행동, 그 흐름을 어떻게 읽어야 할까? 삼촌은 AIDMA(아이드마), AISAS(아이사스)라는 프레임 워크가 유명하다고 가르쳐주셨다. AIDMA는 1920년대 미국의 사무엘 롤랜드 홀(※)이 제창한 소비행동 모델로 구매까지의 과정을 '인지(Attention)' '관심(Interest)' '욕구(Desire)' '기억(Memory)' '행동(Action)' 다섯 개로 분류했다. AIDMA는 각 과정의 첫 글자를 딴 조어다.

AIDMA 법칙

'AIDMA'란 소비자가 구매하기까지의 흐름을 다음 다섯 단계로 분류한 것으로 각 단계 첫 글자를 따서 AIDMA라 부른다.

Attention(인지)
TV 광고, 잡지, 웹 사이트 등으로 고객의 주의를 끈다(인지시킨다).

이 광고는 처음 보네.

Interest(관심)
고객에게 상품, 서비스를 어필해 관심을 끈다.

어? 전에 TV에서 본 상품 광고다.

요즘 광고에 자주 나오는 그 상품, 역시 맘에 들어.

Desire(욕구)
고객의 상품/서비스 욕구를 자극해 이것을 손에 넣으면 만족할 것이라고 설득한다.

어, 그거다!

사야지!

Memory(기억)
고객을 자극해 생긴 강한 욕구가 상품/서비스를 기억시킨다.

Action(행동)
고객이 구입하도록 만든다(행동을 일으킨다)

※사무엘 롤랜드 홀Samuel Roland Hall…판매·광고 실무에 대해 집필한 저서에서 'AIDMA'를 제창했다.

한편, AISAS는 인터넷 보급의 영향을 반영한 것으로 일본의 광고회사 덴츠(電通)가 제창해 상표등록까지 했다. AISAS는 '인지(Attention)' '관심(Interest)' '검색(Search)' '행동(Action)' '공유(Share)' 다섯 단계로 분류한다. 상품을 인지해 검색 엔진으로 조사하고 상품 구입 후에는 SNS 등 소셜미디어에 올려 소비자끼리 상품에 대한 감상을 공유한다는 주장이다. 실제로 요즘 소비자 의사결정에 지대한 영향을 끼치는 요소는 입소문이다.

AISAS 법칙

'AISAS'란, 'AIDMA'와 마찬가지로 소비자가 구매에 도달하기까지의 과정인데, 인터넷 보급의 영향을 반영한 모델이다.

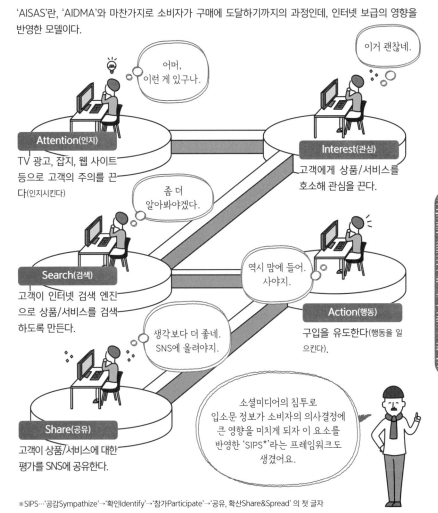

Attention(인지)
TV 광고, 잡지, 웹 사이트 등으로 고객의 주의를 끈다(인지시킨다)

어머, 이런 게 있구나.

Interest(관심)
고객에게 상품/서비스를 호소해 관심을 끈다.

이거 괜찮네.

좀 더 알아봐야겠다.

Search(검색)
고객이 인터넷 검색 엔진으로 상품/서비스를 검색하도록 만든다.

역시 맘에 들어. 사야지.

Action(행동)
구입을 유도한다(행동을 일으킨다).

생각보다 더 좋네. SNS에 올려야지.

Share(공유)
고객이 상품/서비스에 대한 평가를 SNS에 공유한다.

소셜미디어의 침투로 입소문 정보가 소비자의 의사결정에 큰 영향을 미치게 되자 이 요소를 반영한 'SIPS*'라는 프레임워크도 생겼어요.

07
소셜미디어 마케팅

※SIPS…'공감Sympathize'→'확인Identify'→'참가Participate'→'공유, 확산Share&Spread'의 첫 글자

137

04 급성장하는 온라인 광고

가까운 미래에 TV 광고를 앞지르지 않을까 예상될 정도로
급성장 중인 일본 온라인 광고의 현 주소는?

삼촌이 자주 참고한다는 일본의 광고회사 덴츠가 발표한 '2017년 일본의 광고비'에 의하면 총광고비는 전년 대비 101.6퍼센트인 63조 9,070억 원. 매체별로 보면 신문·잡지 광고가 감소 추세인 데 반해, 특히 모바일 상의 운용형 광고, 동영상 광고 성장이 두드러진 온라인 광고 매체비는 전년대비 117.6퍼센트인 12조2,060억 엔으로 4년 연속 <u>두 자리 수 성장</u>을 기록하고 있다. 매체 구성비도 23.6퍼센트로 TV에 이어 두 번째로 큰 매체로 성장했다.

(우리나라의 경우 〈2019 방송통신광고비 조사 보고서〉의 '2019년 광고시장 현황(추정)'에 의하면, 2019년 총광고비는 전년대비 3.2% 이상 증가한 13조 9,145억 원(추정)이다. 매체별로는 방송 광고는 전년대비 -7.2% 감소한 데 비해, 온라인 광고는 전년대비 14.2% 증가한 6조 5,291억 원으로 조사가 시작된 2014년부터 계속 두 자리 수 성장을 이어오고 있다)

2017년 일본의 매체별 광고비

일본에서 온라인 광고는 TV에 이어 두 번째로 큰 매체이다. 미국에서는 2013년에 온라인 광고비가 TV를 제쳤다.(*우리나라는 2016년에 온라인 광고비가 방송 광고비를 앞질렀다(〈2019 방송통신광고비 조사 보고서〉 참고))

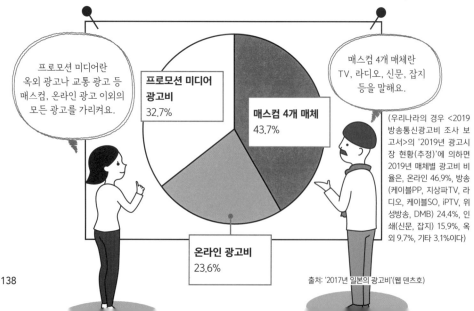

출처: '2017년 일본의 광고비'(웹 덴츠호)

이어서 광고회사인 덴츠, CCI, D2C가 조사 발표한 '2017년 광고비 온라인 광고 매체비 상세 분석'에 의하면, 2017년 스마트폰을 중심으로 한 모바일 광고 시장은 8조 3170억 원이다.* 삼촌은 광고주가 미디어(매체)의 광고 공간을 구입해 제작 이미지를 표시하는 배너 광고 등을 순광고라고 부르며, 요금체계는 imp·PV 보증이나 기간 보증, 클릭 보증 등 다양한 형태가 있다고 설명해 주셨다.

(*〈2019 방송통신광고비 조사 보고서〉의 '2019년 광고시장 현황(추정)'에 의하면 우리나라의 모바일 광고비는 4조 5678억 원이다)

모바일 광고와 인터넷(PC) 광고

● 일본의 2017년 온라인 광고 매체비

광고 종류별로는 디스플레이 광고와 리스팅 광고가 전체의 약 80퍼센트를 차지하는데, 요즘 증가 추세인 동영상 광고도 계속 확대될 거라고 예상돼요.

2018년 일본의 온라인 광고 매체비는 총 14조 원을 웃돌 거라 보여요.

모바일 광고
8조 3,170억 원
68.1%

인터넷 광고
3조 8,900억 원
31.9%

(*우리나라의 경우 <2019 방송통신광고비 조사 보고서>에 의하면, 모바일 광고가 70%, 인터넷 광고가 30%를 차지한다)

출처: '2017년 일본의 광고비 온라인 광고 매체비 상세 분석'(덴츠, CCI, D2C)

●온라인 미디어의 보증

PV 보증
광고, PV(페이지 뷰) 표시 횟수를 보증해 준다.

imp
정해진 접속 수에 도달할 때까지 게재를 보증해 준다. 광고비에 따라 표시 횟수가 달라진다.

기간 보증
정해진 접속 수에 도달할 때까지 게재를 보증해 준다.

클릭 보증
광고 틀의 광고 게재 기간을 보증해 준다.

05 키워드로 타깃을 좁힌다

키워드 단위로 광고를 노출시키는 '리스팅 광고'는 어떤 효과가 있을까?

네이버나 구글 등의 검색 엔진으로 검색할 때 결과와 연동해 '스폰서'라고 표시되는 광고가 **리스팅**(listing) 광고다. 검색연동형 광고라고도 한다. 검색 키워드에 반영된 이용자의 흥미와 관심에 딱 맞는 광고가 뜨기 때문에 이용자가 클릭할 확률이 높다. 또 표시만으로는 비용이 발생하지 않고 클릭 수에 따라 광고 요금이 붙기 때문에 PPC(Pay Per Click) 광고라고도 한다.

리스팅 광고 표시 사례

리스팅 광고란 네이버나 구글 등 검색 엔진의 검색 결과에
표시되는 광고를 말한다.

리스팅 광고는 클릭 수에 따라
광고 비용이 발생하기 때문에
PPC 광고라고도 불러요.
'네이버 파워링크' '구글의 애드워즈' 등이
유명해요.

Google   가장 쉬운 경영학   🔍

광고 ──────── → 리스팅 광고
광고 ────────

──────── → 검색 결과

"광고주는 키워드를 자유롭게 지정할 수 있는데, 같은 키워드에 여러 입찰이 있으면 입찰 가격과 광고 품질(클릭률 등)로 정해진 광고 순위에 따라 게재 순위가 결정된다."고 삼촌은 말했다. 따라서 상위 표시를 원한다면 고액의 광고비를 지불해야 할 수도 있다. 주요 게재 매체는 '네이버 파워링크' '구글의 애드워즈'가 있다.*

리스팅 광고의 장단점

●장점

①니즈가 명확한 타깃층에 접근할 수 있다
이용자가 입력한 검색어와 가장 근접한 키워드를 골라 광고가 뜨기 때문에 효율적이며 실존하는 니즈를 확보할 수 있다.

②클릭 과금형이라서 적은 예산으로 시작할 수 있다.
이용자가 클릭하지 않으면 광고주에게 비용이 발생하지 않는다. 대략 어느 정도 클릭 수가 나올지 모의 계산해 주는 키워드 플래너도 있다.

●단점

①경쟁이 치열한 키워드는 비용이 많이 든다
입찰제인 만큼 전환률*이 높은 키워드는 단가가 꽤 높다.

※전환률…온라인 쇼핑몰이나 기업 웹 사이트 등에서 사이트 개설자가 원하는 최종 성과 (관람자의 상품 구매·회원 등록·자료 청구 등)

②운용 수고가 든다
운용형 광고라서 한번 시작하면 광고 유지를 위한 노동력과 기술을 투입해야 한다. 운용 지식도 필요하기 때문에 어느 정도의 공부도 필요하다.

06 검색 결과 상위에 표시되게 하려면?

검색 키워드를 상위에 노출시키는 비결을 알아보자.

검색 결과에서 자사 사이트가 상위에 오도록 하고 싶다면 SEO(검색 엔진 최적화) 작업이 필요하다. 삼촌은 SEO뿐 아니라 키워드 연동형인 리스팅 광고 등도 포함해 검색 엔진을 통해 자사 사이트 유입자 수를 늘리는 통합 마케팅 SEM(검색 엔진 마케팅)에 대해 설명해 주셨다.

SEO의 구체적 대책

검색 엔진은 기본적으로 '품질이 떨어지는 사이트의 노출 순위를 낮추고 품질이 뛰어난 사이트의 노출 순위는 적절히 평가하는 것'을 추구한다. 검색 결과 순위를 높이고 싶다면 자사 사이트의 콘텐츠가 높은 품질을 유지하도록 지속적으로 관리해야 한다.

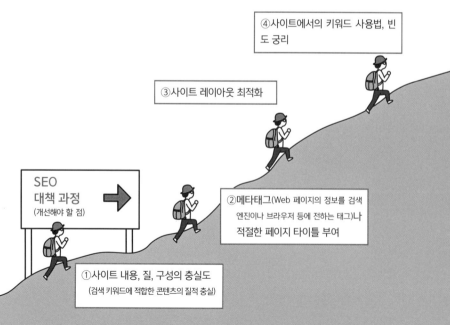

④사이트에서의 키워드 사용법, 빈도 궁리

③사이트 레이아웃 최적화

SEO 대책 과정
(개선해야 할 점)

②메타태그(Web 페이지의 정보를 검색 엔진이나 브라우저 등에 전하는 태그)나 적절한 페이지 타이틀 부여

①사이트 내용, 질, 구성의 충실도
(검색 키워드에 적합한 콘텐츠의 질적 충실)

인터넷 이용자의 약 80퍼센트는 검색 결과 첫 페이지만 본다고 한다. 따라서 당연히 상위에 노출될수록 타깃층의 눈에 띄기 쉽다. 실제 검색의 90퍼센트는 구글 알고리즘을 통해 이루어지기 때문에 현장에서는 '구글이 발견한 10가지 진실'을 확인하고 '검색 엔진 최적화 스타터 가이드' '웹 마스터용 가이드라인'을 참고한다고 한다. "검색 단어가 포함된 콘텐츠의 질이 얼마나 뛰어나느냐가 사실 가장 중요해."라고 삼촌은 말했다.

SEM은 인터넷 검색 엔진 이용자를 상대로 펼치는 마케팅의 총칭이에요. SEO, SEM 모두 광고는 아니고 자연 유입(오가닉)을 늘리기 위한 대책이에요.

우리나라 인터넷 이용자의 약 90퍼센트가 네이버와 구글의 검색 엔진을 이용해요.

⑥순위 사이트나 디렉토리 서비스에 등록

⑤다른 유명 사이트로부터의 링크 증가

구글이 발견한 10가지 진실

1 이용자에게 초점을 맞추면 나머지는 따라온다.

2 한 분야에서 최고가 되는 것이 제일이다.

3 빠른 것이 느린 것보다 낫다.

4 인터넷에서도 민주주의는 기능한다.

5 정보를 찾고자 하는 욕구는 컴퓨터 앞에서만 생기지 않는다.

6 나쁜 짓을 하지 않고도 돈을 벌 수 있다.

7 세상에는 아직도 정보가 넘친다.

8 정보에 대한 필요는 국경을 넘어 존재한다.

9 정장을 입지 않아도 진지하게 일할 수 있다.

10 '위대함'만으로는 부족하다.

07 광고 같지 않은 광고?

자연스레 정보를 집어넣어 무심코 클릭하게 만드는 광고가 있다고 한다.

삼촌은 누가 봐도 광고인 게 분명한 배너 광고나 리스팅 광고보다 '유익한 정보가 포함된 광고 같지 않고 자연스러운' 네이티브(Native) 광고가 더 좋지 않을까 검토 중이라고 했다. 실제로 다른 광고에 비해 광고효과가 높다는 보고도 있다. 광고 제작에 비용과 시간이 걸리기 때문에 이용자에게 가치 있는 내용인지, 상품과 기업 브랜드 이미지를 훼손하지 않는지 신중히 검토해야 한다.

네이티브 광고와 배너 광고의 차이

광고처럼 보이지 않고 내용면에서도 유익한 콘텐츠가 담긴 네이티브 광고는 이용자에게 호감을 주기 때문에 클릭할 가능성이 높다. 또 네이티브 광고는 브랜딩 요소가 강하다. 광고를 내보낼 때는 선전도 중요하지만 독자에게 유익한 정보가 포함돼 있는지 잘 살펴야 한다.

08 여러 사이트에 광고를 일괄 전송

여러 매체에 원스톱으로 광고를 올리는 '애드 네트워크'의 구조를 살펴보자.

삼촌은 지금껏 각 매체에 따로따로 광고 게재를 의뢰했지만, 여러 광고 사이트를 네트워크로 한 데 묶어 광고를 발신하는 '애드 네트워크(Ad Network)'가 등장하면서 큰 변화가 생겼다. 광고주가 웹 사이트를 비교·검토해 입찰하면 애드 네트워크 사업자가 일괄적으로 광고를 전송해 준다. 광고효과 측정 데이터의 신뢰성도 높고 자사가 직접 데이터 분석을 할 필요가 없어 편리하다는 반응이다.

애드 네트워크의 구조

광고주와 광고대행사는 애드 네트워크의 등장으로 다양한 웹 사이트에 광고를 일괄적으로 전송할 수 있게 됐다.

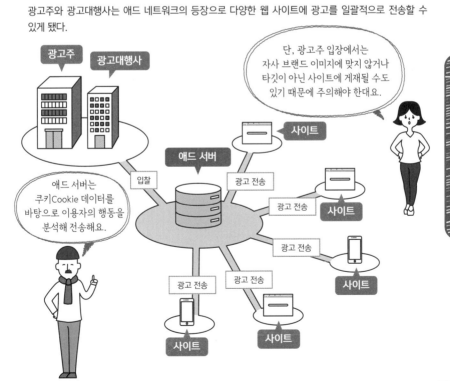

07

구 소셜미디어 마케팅

145

09 광고 발신의 최적화를 이루다

광고 발신 효과를 극대화시키는 애드 테크놀로지 플랫폼이란?

광고 매체인 웹 사이트를 한 데 묶은 애드 네트워크, 여러 애드 네트워크를 다시 한 곳에 모은 애드 익스체인지를 상대로, 적합한 매체에 적절한 가격으로 광고를 발신할 수 있게 해 주는 유료 플랫폼을 DSP(Demand Side Platform)라고 한다. DSP를 이용하면 광고지면 매입과 발신, 게재 지면, 디자인, 광고 문구 등의 크리에이티브 분석, 입찰 단가 조정 등이 자동으로 최적화된다.

DSP·SSP의 구조와 흐름

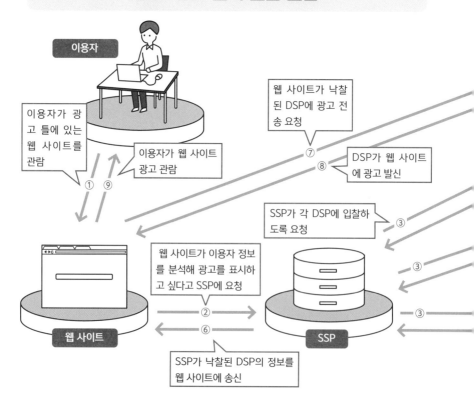

한편 광고 매체 측의 수익을 자동으로 최적, 최대화하기 위한 플랫폼은 SSP(Supply Side Platform), 어떤 광고를 송출할지 결정하는 시스템은 RTB(Real-Time Bidding), 실시간 입찰이라고 한다. 또 각 기업이 자사 사이트에 접속한 고객 이력과 판매시점 관련 정보인 POS 데이터 등을 분석해 자사 마케팅 데이터베이스를 집약하는 플랫폼을 프라이빗 DMP(Data Management Platform)라고 한다. 앞으로 DMP의 중요성이 더 커지리라 본다.

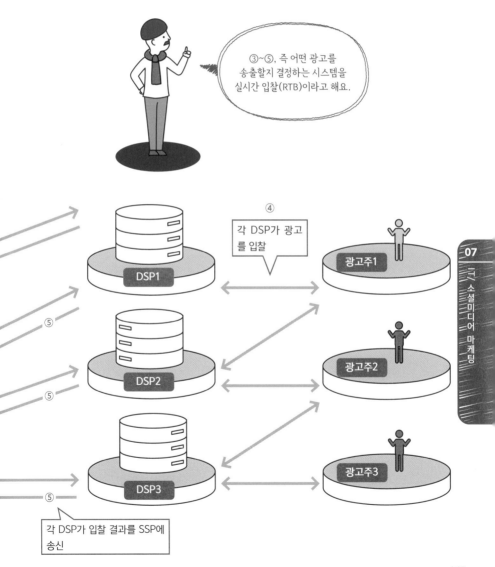

③~⑤, 즉 어떤 광고를 송출할지 결정하는 시스템을 실시간 입찰(RTB)이라고 해요.

④ 각 DSP가 광고를 입찰

각 DSP가 입찰 결과를 SSP에 송신

10 이용자의 생생한 목소리를 분석

잠재 고객의 니즈를 파악하는 '소셜 리스닝'이란?

IT 기업에 근무하는 삼촌은 소셜미디어에서 이루어지는 사람들의 대화나 발신 데이터를 바탕으로 유행을 파악하기도 하고 자사 및 브랜드, 상품에 대한 평판을 분석해 개선책을 마련하기도 한다. 이러한 과정을 소셜 리스닝(Social Listening)이라고 하는데, 보통 사람이 실제로 어떻게 느끼는지, 불평·불만이 늘고 있지 않은지, 광고 반응은 어떤지 등 잠재적 목소리를 파악하는 데 효과적이라고 한다.

소셜 리스닝으로 알 수 있는 것

설문조사나 그룹 인터뷰, 클레임 대응도 효과적이지만, 소셜 리스닝을 통해 대중이 실제 어떻게 느끼고 있는지 정확히 파악할 수 있다.

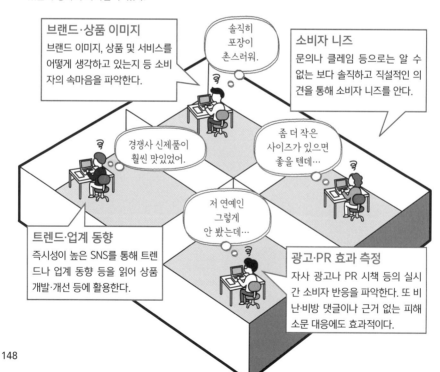

브랜드·상품 이미지
브랜드 이미지, 상품 및 서비스를 어떻게 생각하고 있는지 등 소비자의 속마음을 파악한다.

솔직히 포장이 촌스러워.

소비자 니즈
문의나 클레임 등으로는 알 수 없는 보다 솔직하고 직설적인 의견을 통해 소비자 니즈를 안다.

경쟁사 신제품이 훨씬 맛있었어.

좀 더 작은 사이즈가 있으면 좋을 텐데…

저 연예인 그렇게 안 봤는데…

트렌드·업계 동향
즉시성이 높은 SNS를 통해 트렌드나 업계 동향 등을 읽어 상품 개발·개선 등에 활용한다.

광고·PR 효과 측정
자사 광고나 PR 시책 등의 실시간 소비자 반응을 파악한다. 또 비난·비방 댓글이나 근거 없는 피해 소문 대응에도 효과적이다.

또 삼촌은 "소셜미디어에서 얻은 빅데이터로 선거 결과나 독감 유행 등 가까운 미래를 예측할 수도 있다."며 소셜 리스닝의 무궁무진한 가능성을 시사했다. 단, 트위터, 페이스북, 블로그 등에 올라오는 소비자 의견에 세밀히 대응하기 위한 체제 구축을 비롯해 인재 교육, 비용 대 효과 검토, 나아가 데이터 분석을 위한 전문지식 및 전문가 등도 갖춰야 하는 현실적인 문제까지 고려하면 사실 그리 간단한 문제는 아니라고 한다.

소셜 리스닝의 흐름

소셜 리스닝 시에는 아래와 같은 흐름으로 정보를 분석한다. 데이터를 그냥 분석만 하면 소수 의견이 무시될 수 있으므로 유의해야 한다. 또 현실적인 시책으로 구체화하기 위해서는 마케터와의 긴밀한 연계가 필요하다.

Step 1 무엇을 분석할지 결정한다
Step 2 대상이 되는 모집단을 정의한다
Step 3 정보를 수집한다
Step 4 큰 '흐름'을 분석한다
Step 5 분석 가설을 세운다
Step 6 가설에 기초해 심층 조사 한다.

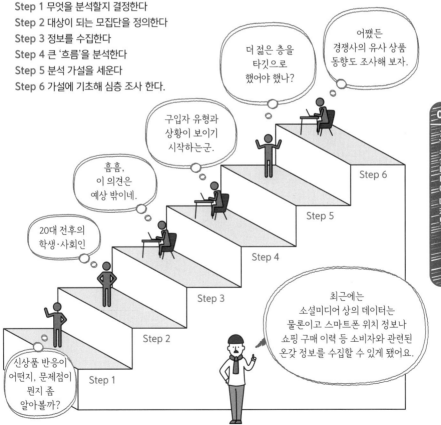

11 소셜미디어 상의 상관관계

소셜미디어 상의 상관관계를 나타내는 개념으로 유명한 '소셜 그래프'란?

이번에는 삼촌에게 소셜 그래프(Social Graphe)에 대해 물었다. 삼촌은 "SNS 등 소셜미디어에서 활동하는 사람과의 연결 및 상관관계를 점과 선으로 표시한 그림, 또는 그 데이터를 말해. 사람을 표시하는 점은 노드, 관계를 나타내는 선은 링크라고 하지."라고 답해 주었다. 페이스북의 '좋아요!' 버튼으로 연결된 이용자끼리 정보를 공유하는 서비스도 소셜 그래프 중 하나다. 정보를 분석해 마케팅에 이용하기도 하고 인터넷 서비스와 연계하기도 한다고 한다.

소셜 그래프란?

소셜 그래프는 사람 간의 상관관계를 나타내는 그림이나 데이터를 말하며 노드와 링크로 표시한다.

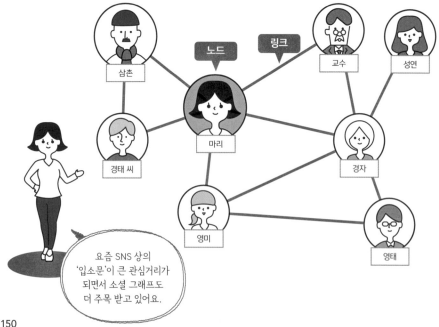

150

12 동영상 광고는 콘텐츠의 질이 중요

요즘은 동영상 광고가 대세다. 공감과 입소문을 이끌어내는
포인트는 무엇인지 알아보자.

어린이 장래희망 직업 1위인 유튜버. 그 영향력에 삼촌을 비롯해 많은 마케터가
주목하고 있다. 일본에서는 유튜버 전문 프로덕션 등도 생기고 있다. 주목할 점
은, 동영상 재생의 과반수가 스마트폰 등의 모바일 기기용 광고라는 사실이다.
또 인스타그램 등 동영상, 이미지 공유 사이트가 급성장하면서 소셜미디어와의
연계를 통해 페이스북이나 트위터에서도 동영상 콘텐츠가 급증하고 있다.

동영상 광고의 장단점

동영상의 장점
· 내용을 자세히 전할 수 있다
· 동영상 제작이 의외로 간단하다
· 상대의 신뢰를 얻기 쉽다
· 눈이 불편한 사람도 즐길 수 있다.

동영상의 단점
· 시청하는 데 시간이 걸린다
· 공공장소에서 시청하기 어렵다
· 데이터 용량이 크다
· 검색 엔진에서는 동영상을 인식하지 못하기 때문에 태그에 문자로 명시해야 한다.
· 스트리밍은 다운로드에 비해 비용이 높다

동영상 광고는 공감도가 높고 입소문이 잘 날만한 콘텐츠여야 해요.

07
┌ 소셜미디어 마케팅

13 인플루언서, 앰버서더란?

온라인 광고 세계에는 입소문과 관련된 여러 용어가 있다.
용어의 의미를 짚고 넘어가자.

삼촌이 자주 사용하는 용어는 인플루언서(Influencer). 연예인이나 스포츠 선수 등 '유명인사로 많은 사람의 소비행동에 영향을 주는 사람'을 가리키며 광고주가 선호하는 광고 모델 중 하나다. 한편 '제품/서비스의 팬으로 자발적으로 타인에게 추천해 주는 사람'을 애드보케이트(Advocates)라고 하는데 '대변자'라는 의미다. 기독교의 '전도사'라는 뜻을 가진 에반젤리스트(Evangelist)도 팬(신자) 입장에서 주위에 정보를 퍼트려 주는 역할을 한다.

입소문 효과의 영향력

소셜미디어 보급으로 유명인사뿐 아니라 일반인이 퍼트리는 입소문을 기업의 제품 및 서비스 홍보에 이용하려는 움직임이 활발해지고 있다.

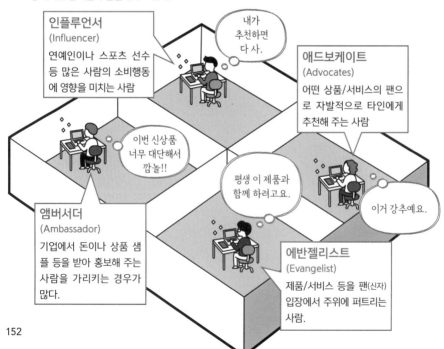

또 '대사'라는 의미를 가진 앰버서더(Ambassador)는 '기업 등으로부터 돈을 받고 홍보해 주는 사람'으로 인플루언서와는 달리 영향력의 유무는 관계없다는 게 삼촌의 설명이다. 참고로 일반인의 입소문을 활용한 마케팅 기법은 앰버서더 프로그래밍이라고 한다. 이처럼 입소문은 한 가지 형태만 있지 않다. 입소문을 어떻게 활용해 기업 실적으로 이어지게 만드느냐가 관건이다.

WOMMA가 정의하는 11가지 입소문 방법

2004년 미국에서 설립된 WOMMA(Word Of Mouth Marketing Association/입소문 마케팅 협회)에서는 입소문 유형으로 다음 11가지 방법을 제시한다.

버즈 마케팅(buzz marketing)
인위적으로 입소문을 발생시켜 제품 및 서비스 관련 화제를 퍼트린다.

인플루언서 마케팅 (Influencer Marketing)
인플루언서를 활용해 상품 등의 인지도와 흥미를 높인다.

바이럴 마케팅(Viral Marketing)
주로 웹에서 입소문으로 상품 및 서비스를 홍보하는 기법

코즈 마케팅Cause Marketing)
특정 상품 등의 구입이 사회 공헌으로 이어짐을 소비자에게 호소하는 마케팅

커뮤니티 마케팅 (Community Marketing)
특정 제품 및 서비스의 팬이 모인 커뮤니티를 활용한다.

컨버세이션 크리에이션 (Conversation Creation)
특이한 광고나 광고 문구, 판촉 활동 등으로 화제를 만든다.

풀뿌리 마케팅 (Grassroots Marketing)
개인 수준의 자원봉사 단체를 조직해 활동 동기를 제공한다.

브랜드 블로그(Brand Blogging)
브랜드가 블로그의 스폰서가 돼 유익한 정보 및 정보 교환의 장을 제공한다.

에반젤리스트 마케팅 (Evangelist Marketing)
상품/서비스를 주위에 홍보하는 에반젤리스트를 육성, 지원한다.

소개 프로그램(Referral Program)
팬을 상대로 상품 등을 주위에 소개하기 위한 도구를 제공한다.

상품 심기(Product Seeding)
특정 분야에서 영향력을 행사하는 개인에게 상품의 정보와 샘플을 제공한다.

종류 수만 봐도 소셜 시대에서 입소문 마케팅이 얼마나 중요한지 알 수 있겠죠?

출처: <Types of Word Mouth Marketing>(WOMMA)

14 주요 온라인 광고 용어 해설

온라인 광고의 종류는 매우 다양한데 영어 약자로 된 용어가 많아 어렵게 느끼는 사람이 많다. 내용 자체는 어렵지 않으므로 이번 기회에 주요 용어를 이해하고 넘어가자.

자주 사용하는 온라인 광고 용어

노출(Impression)

광고 표시 횟수.

CPM(Cost Per Mile)

1,000회 광고 노출 당 비용

CPC(Cost Per Click)

1클릭 당 광고 비용. 비용/클릭수로 산출.

eCPM(effective Cost Per Mile)

노출 과금이 아닌 클릭형 광고의 CPM 조정 가격. 광고 1,000회 노출당 수익을 따지는 지표다.

CTR(Click Through Rate)

광고가 표시될 때 클릭되는 비율. 클릭 수/노출 수로 산출

CVR(Conversion Rate)

고객 전환율. 웹 사이트에 방문한 이용자 중 기업이 원하는 성과 행동으로 이어진 비율. 전환의 예로 자료 청구나 상품 구입 등을 들 수 있다.

CPA(Cost Per Action)

고객 확보 단가. 전환 1건을 확보하는 데 드는 비용.

ROAS(Return On Advertising Spend)

광고비용 대가. 광고 100원 당 얼마의 매출을 올렸는지 표시한다.

CPV(Cost Per View)

광고 시청 1회 당 비용. 동영상 광고 지표.

페이지랭크(Google PageRank)

구글이 부여한 웹 페이지의 상대적 중요도 지표.

링크 주스(Link Juice)

웹 페이지의 링크 가치로 양(링크를 받고 있는 개수)

온라인 광고 용어는 영어가 많아서 어렵다고 생각하기 쉬운데, 내용은 그렇게 어렵지 않아요. 기본적인 용어를 익혀 두면 광고를 이해하는 데 큰 도움이 된답니다.

×질(링크 원본 사이트의 품질·연관성)로 결정한다.

PV(Page View)

페이지뷰. 웹 사이트가 열람된 횟수.

UU(Unique Users)

유니크 유저. 웹 사이트 페이지의 방문자수. 동

일 웹 사이트를 같은 사람이 여러 번 방문한 경우 이용자 1명으로 센다.

CPL(Cost Per Lead)

리드(잠재고객) 1건을 확보하는 데 드는 비용.

순광고 관련 용어

순광고(Pure Advertisement)

광고주가 매체의 광고 영역을 사서 광고주 측에서 제작한 광고를 게재하는 것. 지금부터 소개하는 광고는 모두 순 광고다.

배너 광고

이미지 광고.

텍스트 광고

텍스트(문자·문장) 광고.

데모그래픽

접속자의 나이, 성별, 접속지역을 확인해서 비슷한 부류의 사람들이 좋아했던 광고를 타겟팅해주는 광고

타겟팅 광고

성별, 연령 등의 등록 정보로 전송 타깃을 좁혀 노출하는 광고

지역 타겟팅 광고

노출 범위를 특정 지역으로 한정한 광고로 IP 주소, 행정구역 등으로 범위를 지정한다.

행동 타겟팅 광고

이용자의 쿠키를 이용해 분석한 검색 이력, 페이지 관람 이력, 광고 클릭 이력, 상품 구입 이력 등을 바탕으로 노출하는 광고.

시간대 지정 송신 광고

특정 시간대에 노출하는 광고.

이메일 광고

이메일 발신을 등록한 이용자에게 표시되는 광고.

07
소셜미디어 마케팅

인터넷 기술은 비약적으로 발전하고 있어요.
최신 기술이라고 모두 놀라던 기술이
얼마 지나지 않아 구닥다리 취급 받는 일도 있으니까
늘 새로운 기술에 안테나를 세우고 있어야 해요!

기타 용어

프로그래매틱 바잉

(Programmatic Buying)

'운용형 광고'라고도 한다. 배너 등 온라인 광고 영역을 데이터에 기초해 실시간으로 매입한다. 구체적으로는 광고 영역을 가진 사이트 운영자나 광고주가 미리 입찰 조건을 등록해 두면, 타깃 고객이 그 사이트에 접속한 순간 광고가 자동 입찰되면서 낙찰된 광고가 표시되는 시스템이다. 프로그래매틱 바잉의 시장 규모는 매년 50퍼센트가 넘는 급성장을 보이고 있다.

애드 베리피케이션

(Ad Verification)

DSP(146쪽) 등을 사용해 전송한 광고가 광고주의 이미지에 피해를 줄 만한 사이트에 게재되지 않았는지의 여부, 또는 이용자가 인식할 수 있는 장소에 적절히 게재되었는지를 확인해 노출을 컨트롤하는 광고 도구. 애드 베리피케이션을 사용하면 미풍양속을 해치는 사이트에 광고가 표시되지 않도록 자동 관리가 가능하며, 광고 과금 대상을 소비자가 실제로 본 광고 또는 스크롤 하지 않아도 되는 범위에 노출된 광고만으로 제한할 수 있다.

속성 분석

(Attribution Analysis)

광고 등의 모든 접점·행동의 최종적인 성과 공헌도를 바르게 평가하기 위한 분석 방법. 이를테면 어떤 상품을 여러 사이트 온라인 광고에서 보다가 어느 날 우연히 기분이 내켜 무의식중에 광고를 클릭해 구입한 경우, 마지막으로 본 광고가 공헌도 100퍼센트라고 단정하기 어렵다. 그 이전의 광고 등도 전환에 공헌했기 때문에 이전 광고도 평가해야 한다는 것이 속성 분석의 사고법이다.

광고는 한 번 전송했다고 끝나는 게 아니에요.
브랜드 이미지가 훼손되지 않도록 게재 매체를
관리하는 일도 중요해요.

반응형 웹 디자인

(Responsive Web Design)

PC용으로 제작된 웹 페이지가 스마트폰이나 태블릿 단말기 화면에 맞도록 자동으로 최적화되어 표시되는 기법. 예전에는 디바이스(단말)별로 다른 페이지를 만들어야 했지만 이 기법을 사용하면 페이지 레이아웃 디자인이 자동으로 조정되기 때문에 단일 URL으로 여러 단말기에 대응할 수 있다.

리치 미디어 광고

(Rich Media Advertising)

플래시 광고나 음성·영상을 사용한 동영상 광고, 이용자 반응을 느낄 수 있는 대화형 광고를 말한다. 그러나 무턱대고 화려함만 강조한 연출, 또는 갑자기 큰 소리가 나오는 광고는 이용자의 반감을 살 수 있다. 또 데이터양이 많아서 단말기 성능이 낮거나 통신 속도가 더딘 국가, 장소에는 적합하지 않다.

플랫 유아이 디자인

(Flat UI Design)

각 매체의 화면 구성, 배치 등의 사용자 인터페이스(UI)를 화려한 장식 대신 단색, 심플, 평면적 디자인으로 꾸미는 것을 가리킨다. 모던하고 세련된 인상을 준다. 최근 애플, 마이크로소프트, 구글 등이 일제히 플랫 디자인으로 바꾸고 있다.

column

No. *07*

소셜미디어 플랫폼
전략이란?

최근 몇 년 동안 소셜미디어를 자사 마케팅에 활용하는 움직임이 현저하다. 검색 엔진을 활용하는 방법 이상으로 친구 추천이 구매 행동에 미치는 영향이 크다고 보기 때문이다. 그러나 자사 페이스북 페이지의 '좋아요!'는 늘어나는데 매출은 오르지 않는다며 고민하는 기업이 많다.

그렇다면 소셜미디어로는 기업 매출을 올릴 수 없을까? 전 하버드 비즈니스스쿨 부교수인 미코워이 얀 피스코르스키(Mikolaj Jan Piskorski)는 '기업은 고객이 소셜미디어상에서 새로운 친구를 사귀거나 기존 친구와의 관계를 강화하는 데 도움을 줘서, 기업이 하던 판매 촉진 활동을 고객이 대신하게 할 수 있다'는 '소셜미디어 플랫폼 전략'을 제창했다.(《하버드비즈니스리뷰(HBR)》, 2011년 11월호)

즉, 대부분의 기업은 '친구 사이'에 끼어들어 억지로 물건을 사라고 강요하기 때문에 실패한다. 먼저는 이용자의 니즈를 충족시키려는 노력이 필요하며, 이 때 비로소 이용자의 공감도 얻을 수 있다.

chapter.08

잘 나가는 기업의
비즈니스 모델②

마리 씨는 또 영미 씨 집에 놀러가 요즘 자주 거론되는
IT 기업에 대한 이야기를 나눴다.
오늘 주제는 IT 기업의 비즈니스 모델이다.

01 무료 소셜 게임, 과연 돈이 될까?

온라인 여기저기서 보이는 공짜 전략. 스마트폰 소셜 게임이 돈 버는 비결은?

영미 씨가 물었다. "마리 씨는 스마트폰 무료 소셜 게임을 한 적 있어요?" 마리 씨는 "있죠. 그런데 무료인데 어떻게 돈을 버는지 궁금해요."라고 말했다. 영미 씨는 설명을 시작했다. "공짜 전략(58쪽)을 쓰기 때문이에요. 기본적으로는 무료지만 이용자 중에는 돈을 내고 유료 서비스를 이용하는 사람이 있어요. 이용자 10명 중 1명이라도 유료 아이템을 사면 충분히 이익이 나게 돼 있어요."

공짜 게임의 수익 구조

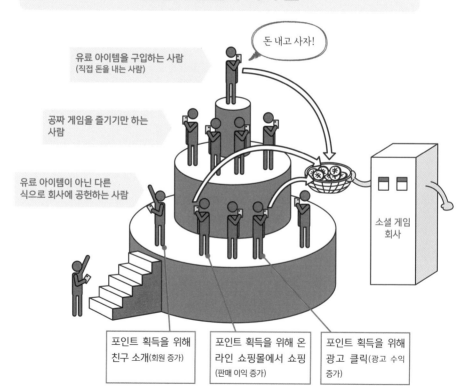

돈 내고 사자!

유료 아이템을 구입하는 사람
(직접 돈을 내는 사람)

공짜 게임을 즐기기만 하는 사람

유료 아이템이 아닌 다른 식으로 회사에 공헌하는 사람

소셜 게임 회사

포인트 획득을 위해 친구 소개(회원 증가)

포인트 획득을 위해 온라인 쇼핑몰에서 쇼핑(판매 이익 증가)

포인트 획득을 위해 광고 클릭(광고 수익 증가)

마리 씨는 "한 명만 구입해도 이익이군요."라고 놀란 말투로 말했다. "디지털콘텐츠는 복제 비용이 싸서 그래요."라고 영미 씨가 설명했다. '소셜 게임'은 디지털콘텐츠라서 아무리 희귀 아이템이라도 데이터 제작비만 있으면 무한 복제가 가능하다. 또 게임을 무료로 제공하면 SNS 등을 통해 저절로 이용자가 증가하기 때문에 기업은 광고를 하지 않아도 돼 이익이다.

공짜 소셜 게임의 이점

① 광고를 하지 않아도 SNS에서 저절로 이용자가 늘어난다

게임 유저는 친구가 늘면 포인트를 받거나 게임에서 유리하기 때문에 적극적으로 친구를 데려온다.

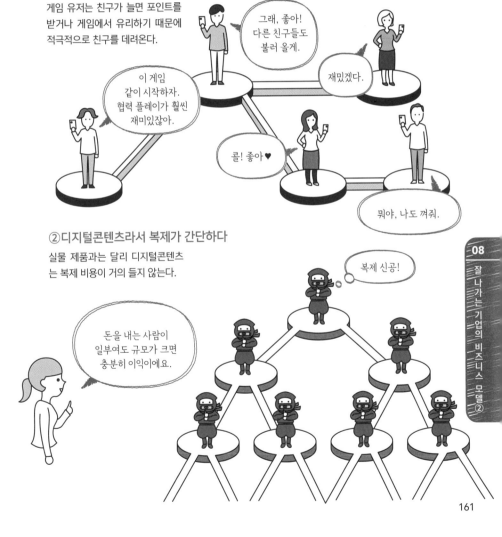

그래, 좋아! 다른 친구들도 불러 올게.

재밌겠다.

이 게임 같이 시작하자. 협력 플레이가 훨씬 재미있잖아.

콜! 좋아♥

뭐야, 나도 껴줘.

② 디지털콘텐츠라서 복제가 간단하다

실물 제품과는 달리 디지털콘텐츠는 복제 비용이 거의 들지 않는다.

복제 신공!

돈을 내는 사람이 일부여도 규모가 크면 충분히 이익이에요.

02 페이스북 급성장의 비결은?

2004년 설립 이래 급성장을 거듭해온 페이스북.
급성장의 비결은 획기적인 전략 덕분이다.

페이스북에서 영미 씨는 마리 씨에게 '페이스북이 급성장한 이유를 알아요?'라는 메시지를 보냈다. 모르겠다는 마리 씨에게 영미 씨는 '오픈화' 덕분이에요. 오픈화란 자사가 소유한 장(플랫폼)을 타사에 개방함으로써 다양한 기업이 서비스를 제공할 수 있게 해 장(플랫폼)의 규모와 힘을 키우는 거예요.'

페이스북의 특징

페이스북 급성장 비결로 '실명제'와 '오픈화'를 꼽을 수 있다. 페이스북이 우리나라에 진출 할 당시 개인 정보를 쉽게 특정할 수 있는 실명제 사용을 불안해하는 의견이 많았다. 하지만 결과적으로 지인·친구와 쉽게 연결되고 신용 담보가 확실하다는 강점 덕분에 빠른 속도로 퍼져 나갔다.

페이스북이 실시한 구체적인 오픈 전략은 페이스북을 기반으로 한 게임 소프트의 사양 공개다. 페이스북이 사양을 공개하자 미국의 온라인게임회사인 징가 Zynga 등이 게임 어플을 제공하기 시작했다. 그 결과 이용자가 자신의 친구에게 추천하면서 페이스북 회원 수가 급증했다. 또 페이스북은 콘텐츠를 늘리기 위해 우수한 개발자나 기업에 2,000억 원이 넘는 자금을 제공하기도 한다.

오픈 전략이란?

페이스북은 2007년 실시한 오픈화로 대규모 회원 모집에 성공해 세계 제일의 SNS로 성장했다.

●기존 전략

페이스북에 게임 등의 어플을 제공하려면 개별적으로 기술 사양 등의 개요를 받아야 하기 때문에 참여 기업의 숫자에 제한이 있었다.

●오픈 전략

프로그래밍 사양을 오픈(API 공개)하자 여러 기업이 툴이나 게임 어플을 페이스북에 제공하기 시작했고 콘텐츠가 급증했다. 또 의도적으로 친구와 함께 하는 게임을 늘리자 가입자 수가 증가했다.

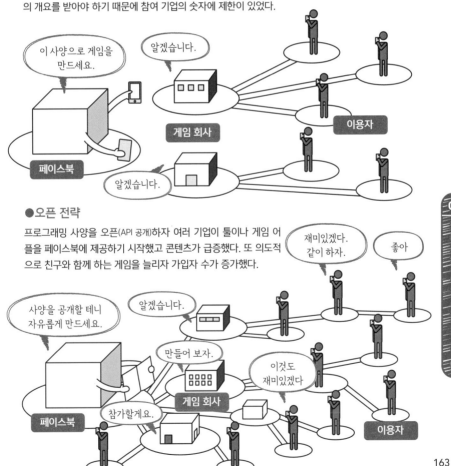

03

플랫폼전략으로 급성장한 일본 기업은?

일본 최대의 온라인 쇼핑몰인 라쿠텐이치바에는 라쿠텐이
직접 만든 제품이 있을까? 라쿠텐의 수익 구조는?

온라인 쇼핑을 즐기던 마리 씨는, 영미 씨가 "라쿠텐(楽天)이 파는 자사 제품에 뭐
가 있는지 알아요?"라고 묻자 당황했다. 또 "라쿠텐 자체는 물건을 팔지 않아요."
라는 영미 씨의 말에 깜짝 놀랐다. 라쿠텐은 '라쿠텐 시장(楽天市場)'이라는 '장
(場)=플랫폼'을 만들어 다수의 기업과 사람을 참여시킨 뒤 다양한 상품을 제공하
는 플랫폼전략®을 채용했다.

라쿠텐 성공의 두 가지 비결

●저렴한 출점 비용

기존 온라인 쇼핑몰은 출점 비용이 비
싼 탓에 진입 장벽이 높았다. 그래서
라쿠텐은 출점 비용을 파격적으로 낮
춰 입점 가게를 늘렸다.

> 정말 싼데요?
> 당장 들어갈래요.

> 우리는 매달 50만 원만
> 내면 되요. 라쿠텐과
> 함께 합시다.

●입점 점포가 상품 정보 갱신

지금까지는 사이트 상품 정보를 쇼핑
몰이 관리했기 때문에 새로운 정보가
반영되는 데 시간이 걸렸다. 이를 개선
하고자 라쿠텐은 점포 교육을 실시해
점포가 상품 정보를 갱신할 수 있도록
했다.

> 네,
> 감사합니다.

> 이제 혼자
> 갱신할 수
> 있겠죠?

플랫폼전략®은 자사 제품에 집착하지 않고, 철저히 제품과 서비스의 제공 대상인 고객이 원하는 것을 제공한다는 사고법이다. 라쿠텐 사이트에서 상품을 사려면 라쿠텐 회원이 되어야 한다. 라쿠텐은 전국의 소매업자를 플랫폼으로 불러 구매자 규모를 키우고 구매자가 회원이 되게 한 다음, 매출총이익이 큰 라쿠텐카드 등의 자사 비즈니스로 회원을 유도해 높은 수익을 올리고 있다.

라쿠텐의 플랫폼전략®

어차피 출점 비용이 비싸잖아요.

공간은 싸게 제공할게요!

여러분 어서 오세요. 지금부터 이 광장을 시장으로 만들 거예요.

오프라인 매장이 없어도 여기서 장사할 수 있다고?

점포가 늘수록 고객도 늘어나는 선순환이구나.*

이윽고…

※긍정 반응

라쿠텐 은행

라쿠텐 증권

라쿠텐 여행

우리 회사 사업에 관심 있으세요?

가게도 많고 포인트도 쌓이니까 이번에도 라쿠텐에서 사야겠다.

라쿠텐은 점포의 힘으로 모인 회원을 수익률 높은 자사 비즈니스로 끌어들여 이익을 내고 있어요.

플랫폼전략®은 (주)네트 스트래터지의 등록상표이다.

04 애쓰지 않아도 정보가 퍼진다

요즘은 선전 효과를 극대화하고 싶으면 인터넷을 이용해야 한다.
온라인 시대에 제격인 마케팅 기법은?

"요즘 SNS나 블로그, 게시판 등 소셜미디어를 활용한 비즈니스 모델이 늘고 있어요."라고 영미 씨가 말하자 마리 씨는 "예를 들면 그루폰 같은 거요?"라고 답했다. 그루폰(Groupon)은 제한 시간 안에 특정 매장의 쿠폰을 사려는 사람이 일정 인원 모이면 쿠폰을 싸게 살 수 있는 사이트다. 그루폰이 도입한 이 기법을 플래시(flash) 마케팅이라고 한다.

소셜 시대의 '특매' 광고

예부터 '특매' 등으로 소비자의 시선을 끄는 광고 기법은 있었지만 기존 방식과 플래시 마케팅은 구조가 전혀 다르다.

●기존 방식

전단지나 광고로 '특매품'이라고 홍보한 다음 특매품을 사러 온 사람이 정가의 다른 상품도 구입하도록 유도하는 전략. 선전비용에 비해 확산력이 약하고 특매품이 완판되면 효과가 떨어진다.

●플래시 마케팅

'24시간 안에 50명 모이면 반값!'이라는 특매 정보를 발견했다고 치자. 반값을 원하는 사람은 다수에게 알리는 편이 자신에게도 이익이다. 매장 측이 아무 것도 하지 않아도 SNS를 통해 저절로 정보가 확산된다.

플래시 마케팅에서, 고객은 다른 사람에게 쿠폰의 존재를 알리면 알릴수록 스스로에게도 이익이기 때문에 적극적으로 소셜미디어에 홍보한다. 고객은 쿠폰을 싸게 살 수 있고, 매장 측도 비싼 광고비 없이 가게를 홍보할 수 있기 때문에 서로에게 이익이다. 또 가게가 열심히 선전하지 않아도 정보가 저절로 확산된다는 이점도 있다.

플래시 마케팅의 구조(장점)

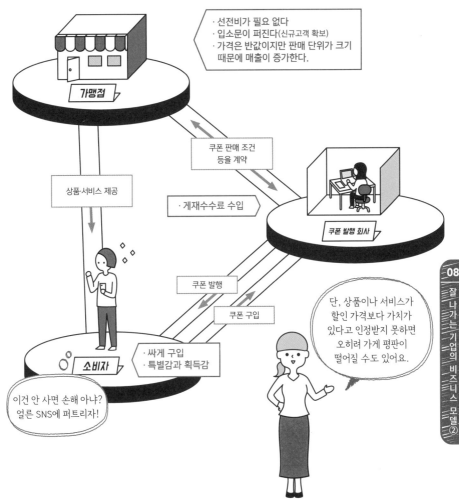

· 선전비가 필요 없다
· 입소문이 퍼진다(신규고객 확보)
· 가격은 반값이지만 판매 단위가 크기 때문에 매출이 증가한다.

가맹점

쿠폰 판매 조건 등을 계약

상품·서비스 제공

·게재수수료 수입

쿠폰 발행 회사

쿠폰 발행

쿠폰 구입

·싸게 구입
·특별감과 획득감

소비자

단, 상품이나 서비스가 할인 가격보다 가치가 있다고 인정받지 못하면 오히려 가게 평판이 떨어질 수도 있어요.

이건 안 사면 손해 아냐? 얼른 SNS에 퍼트리자!

일본의 이에모토 제도는
플랫폼 전략®?

　일본의 '이에모토 제도家元制度'는 예부터 이어져 내려오는 제도로 매우 뛰어난 비즈니스 모델이다. 이에모토란 전통이나 문화 등이 계승되고 있는 집안, 또는 개인을 가리킨다. 제자는 이에모토에게 차도茶道나 화도(花道) 등의 기술을 배우고 최종적으로는 사범 면허를 따 자신의 제자를 받아 교실을 차릴 수 있다. 즉 즐기면서 배운 뒤 비즈니스로 활용할 수 있는 시스템인 셈이다.

　최근에는 이에모토 제도를 본 따 비즈 등의 취미강사를 양성하는 비즈니스도 등장했다. 작품을 백화점에서 판매하기도 하고 평가가 좋은 작품은 패션쇼에 사용되기도 한다.

　이에모토 제도는 프랜차이즈 방식과 비슷한데 프랜차이즈의 경우 친구에게 '프랜차이즈 해 볼래?'라고 권하지는 않는다. 그러나 이에모토 제도는 사범이 되면 친구·지인에게 배움을 권하기 때문에 이에모토 유파의 제자가 계속 늘어난다.

　'장=플랫폼'을 만들어 사람을 모으고 더 큰 이익을 창출한다는 면에서 이에모토 제도는 플랫폼 전략®의 전통 버전이라고 말할 수 있다.

chapter.09

서비스 마케팅과
다이렉트 마케팅

경자 씨

서비스 마케팅도 궁금해진 마리 씨는 카페 등
여러 점포를 운영 중인 경자 씨를 찾아갔다.

01 서비스의 네 가지 특성

- -
서비스 업계는 제조회사 등과는 다른 마케팅 전략을 펼친다.

마리 씨는 '서비스 마케팅'이라는 말을 들었다. 서비스 업계에서 사용하는 말인 듯한데, 꽃집 경영에 도움이 될지도 모른다는 생각에 카페 등 여러 점포를 운영 중인 경자 씨에게 서비스 마케팅이 무엇인지 물었다. 그러자 "서비스 마케팅이란 서비스업(또는 제품 판매와 연계해서 제공되는 서비스) 관련 마케팅으로 제품 마케팅과는 다르게 접근해야 해요."라는 답이 돌아왔다.

서비스 마케팅의 네 가지 기본 특성

서비스 마케팅이란, 서비스업 또는 제품 판매와 연계해 제공되는 서비스 관련 마케팅을 말하며 다음 네 가지 기본 특성이 있다.

병원이 새로 생겼네. 이름이 좀 불길한데, 의사 이름인가?

돌팔이 병원

① 무형성
서비스는 형태가 없고 구입 전에 보지 못한다. 병원이라면 어떤 의사가 어떤 진료나 치료를 해 줄지 미리 알 수 없다. 불안을 없애기 위해 구매자는 서비스 품질을 증명 받고 싶어 한다.

이 미용실 디자이너, 솜씨는 좋은데 예약 잡기가 너무 어려워.

hair salon GOD

② 동시성·비분리성
생산과 소비가 동시에 발생하기(생산과 소비를 나눌 수 없다) 때문에 서비스 제공 능력에 한계가 있다. 그래서 인기 서비스 제공자는 '동시에 여럿을 상대하는 능력'과 '단시간에 동질의 서비스를 제공하는 효율성'을 갖춰야 한다.

원래 서비스에는 네 가지 특성이 있다. ①무형성(형태가 없기 때문에 서비스 제공 전에 품질이 보증되어야 한다), ②동시성·비분리성(생산과 소비가 동시에 발생하며 서비스 제공 능력에 한계가 있기 때문에 효율성이 요구된다), ③이질성(고객마다 요구가 다르므로 일정 만족도를 유지하기 위한 노력이 필요하다), ④소멸성(서비스는 재고로 쌓아 둘 수 없다)이다. 서비스 마케팅을 전개할 때는 이 네 가지 특성을 고려해야 한다.

③이질성
아픈 곳이나 증상에 따라 마사지 방법이 달라지듯이 서비스는 고객마다 요구와 내용이 제각각이다. 또 제공자에 따라 서비스 품질이 변하기도 한다. 그때그때 만족도가 다르지 않도록 궁리해야 한다.

여기 마사지숍은 시원하다고 소문이 자자하던데, 미용 효과도 있으려나?

마사지숍 쿨쿨

시장에 제공되는 상품은 기본적으로 '유형 요소'와 '무형 요소'가 섞여 있어. 무형 요소가 강한 상품은 마케팅을 달리 해야 해.

한가한데 싸기 까지! 2시 이후에 오는 게 이익이구나.

Restaurant gourmet

예를 들어 카페라면 매장, 음료와 같은 유형 요소도 있고 조리와 접내 서비스 같은 무형 요소도 있다는 거군요.

④소멸성
미용사가 커트를 미리 해 놓을 수 없듯이 서비스는 재고로 쌓아 둘 수 없다. 수요가 집중하는 시간과 여유 있는 시간이 생기기 마련이므로 한가할 때는 가격을 낮추거나 서비스 개발 시간으로 활용하는 등의 대응이 필요하다.

09
서비스 마케팅과 다이렉트 마케팅

171

02 서비스업계는 7P가 기본

서비스업 세계에서는 마케팅 4P에 세 가지 'P'를 더한 '7P'가 기본이다.

마케팅의 4P가 제품(Product), 가격(Price), 유통(Place), 프로모션(Promotion)이라는 사실은 마리 씨도 앞에서 배워 알고 있다. "서비스 마케팅의 기본은 4P에 세 가지를 더 추가한 7P예요."라고 말하는 경자 씨. 7P는 1981년 경영학자 버나드 붐스(Bernard Booms)와 마케팅학자 메리 비트너(Mary Bitner)가 제창한 이론이다.

서비스 마케팅의 7P란?

서비스 마케팅에 접근하기 위해서는 기본 요소인 '서비스 마케팅 7P'를 알아야 한다.

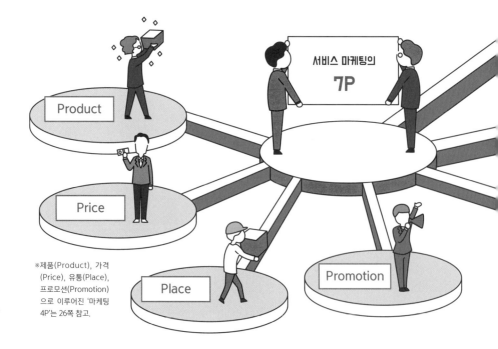

Product

서비스 마케팅의
7P

Price

Place

Promotion

※제품(Product), 가격(Price), 유통(Place), 프로모션(Promotion)으로 이루어진 '마케팅 4P'는 26쪽 참고.

새로이 추가된 세 개의 P는 다음과 같다. ①참가자(Participants/고객뿐 아니라 서비스 제공 스태프도 포함. '참가자' 대신 '사람People'이라고 하기도 한다), ②물리적 환경(Physical Evidence/사용 소재와 색, 조명, 온도 등), ③서비스 구성 과정(Process of Service Assembly/방침이나 순서, 생산·납품 관리, 교육, 포상제도 등). 7개 모두 외워 두도록 하자.

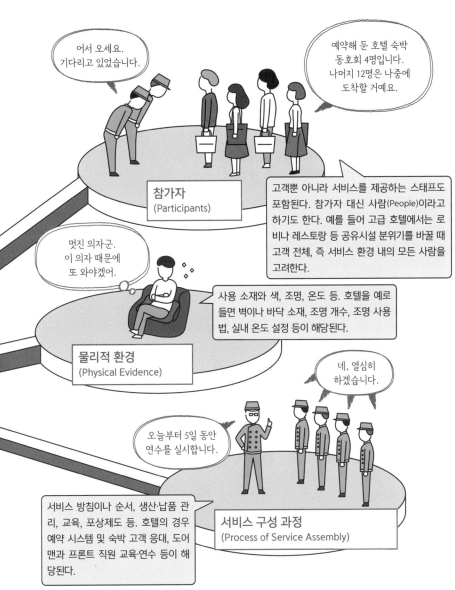

03 서비스 품질 측정

서비스는 형태로 남지 않는다.
그래서 독자적으로 품질을 측정하는 방법이 고안됐다.

서비스 마케팅을 알아가는 중인 마리 씨는 '서비스의 질을 평가하는 방법도 필요하지 않을까?'라는 생각이 들었다. 때마침 경자 씨가 서브퀄(SERVQUAL) 모델이라는 서비스 품질 평가 방법에 대한 이야기를 꺼냈다. "1988년 마케팅 학자인 A. 파라슈라만(Parasuraman)과 L. 베리(Berry) 등이 고안한 방법인데, 이들은 '고객의 기대와 실제 서비스와의 갭이 품질을 결정한다'고 정의했어."

서비스 품질을 측정하는 다섯 항목

서브퀄 모델은 서비스 품질 향상을 위해 고안된 품질 평가 방법이다.

서브퀄 모델은 업종·분야별로 개발돼 있는데, 레스토랑용인 'DINESERV', 숙박 시설용인 'LODGSERV', 온라인 서비스용인 'E-SERVQUAL' 등이 있어요.

'SERVQUAL'은 서비스(Service)와 품질(Quality)를 합친 조어예요.

⑤공감성
고객과의 커뮤니케이션이 양호한가. 세심한 관심과 배려로 고객을 대하고 있는가.

④확실성
고객의 이익을 우선하며 성실히 대응하고 있는가. 서비스 제공에 필요한 전문기술과 지식을 갖추고 있는가.

해남에서 재배한 유기농 채소예요.

오늘 식재료는 어느 지역 거예요?

주문할께요.

젓가락이 있어서 다행이야. 칼이랑 포크로만 먹으면 먹은 것 같지 않거든.

경자 씨의 설명은 계속됐다. "이 정의에 기초해 다섯 항목을 기준으로 품질을 측정해." 다섯 항목이란 ①유형성(물리적인 서비스의 질은 충분한가), ②신뢰성(확실히 수행하고 있는가), ③응답성(신속히 제공하고 있는가), ④확실성(성실히 대응하고 있는가, 제공자의 기능과 지식은 충분한가), ⑤공감성(고객과의 커뮤니케이션은 양호한가)이다. 서브퀄 모델은 업종 및 분야별로 개발돼 있다.

04 서비스는 사람이 중요하다

서비스는 고객을 상대로 사람이 제공하는 행위다.
따라서 스태프 양성과 '의욕'이 중요하다.

'이상적인 서비스의 모습과 평가 방법은 알 것 같아. 이제 이걸 실현해 줄 스태프만 있으면 되겠네.'라고 생각한 마리 씨. 그러자 경자 씨는 "경영자부터 직원에 이르기까지 기업 전체의 마케팅 의식을 함양시키고자 내부 직원을 상대로 실시하는 마케팅을 내부 마케팅(Internal Marketing)이라고 해요."라고 가르쳐 줬다. 서비스도 사람이 제공하는 행위인 만큼 인재 육성과 계몽, 동기부여가 반드시 필요하다.

세 가지 모두 중요하다

서비스 마케팅은 '내부 마케팅' '상호작용 마케팅' '외부 마케팅' 세 가지가 잘 연동돼야 고객·스태프·기업 3자 모두에게 유익하다.

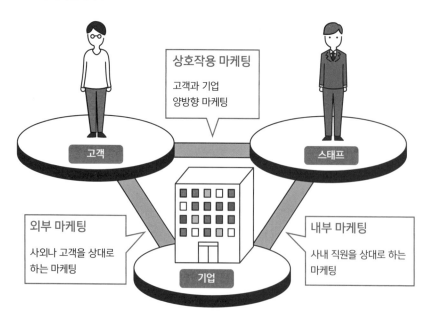

상호작용 마케팅

고객과 기업
양방향 마케팅

고객

스태프

외부 마케팅

사외나 고객을 상대로
하는 마케팅

내부 마케팅

사내 직원을 상대로 하는
마케팅

기업

내부 마케팅은 구체적으로 다음 일곱 가지 방법으로 이루어진다. ①의욕적이고 우수한 인재 채용, ②스태프가 서비스 목적과 의미를 느낄 수 있는 비전 제시, ③훈련 실시, ④팀플레이 강조, ⑤스태프에게 재량 부여, ⑥적절한 보수, ⑦조사에 기초한 직무설계. 훌륭한 서비스의 출발점은 사원의 의욕이다. 마케팅 대상은 소비자만이 아님을 기억하자.

내부 마케팅의 일곱 가지 방법

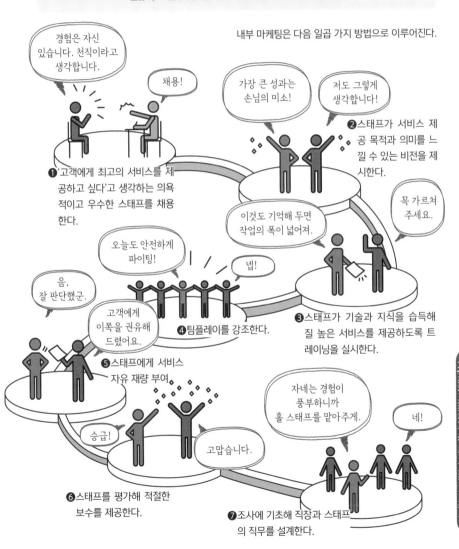

05 종업원이 만족해야 고객이 만족한다

종업원 만족이 고객 만족을 낳고 최종적으로 기업 실적도 좋아진다.
이는 다른 업계도 마찬가지다.

서비스를 제공할 때는 고객과 스태프 모두 배려해야 한다는 사실을 깨달은 마리 씨. 경자 씨는 한 발 더 들어가 서비스 수익 체인에 대해 가르쳐 줬다. 서비스 수익 체인(Service Profit Chain)은 제임스 헤스켓(James Heskett) 교수 등이 제창한 프레임워크로 '종업원 만족도(ES)가 높아지면 고객만족(CS)이 높아지고 기업 이익도 증가한다'는 인과관계를 나타낸 이론이다. 구체적으로 다음과 같은 주기를 거친다.

서비스 수익 체인이란?

서비스 수익 체인이란 ES를 높이면 CS 및 기업 실적도 높아지는 인과관계를 분석한 이론이다.

급여가 올랐네! 열심히 일한 보람이 있군.

우리 회사 식당 밥은 언제나 싸고 맛있어.

기업 실적이 좋아지면 그 이익이 종업원에게 환원되기 때문에 사내 서비스 질도 한층 높아져요.

①사내 서비스 향상
급여, 복리후생 등의 사내 서비스 질이 높아지면 종업원 만족도가 높아진다.

실적이 계속 오르고 있어. 다 직원들 덕분이야.

다음에는 아내랑 같이 와야지.

⑦매출·이익 증대
고객 로열티가 높아지면 재방문률이 증가하고 입소문이 퍼져 기업 실적이 좋아진다.

⑥고객 로열티 향상
고객만족도가 높아지면 기업에 대한 고객 로열티가 높아진다.

①급여 조건이나 복리후생이 좋아지면 종업원 만족도가 높아진다→②기업에 대한 종업원의 로열티가 높아진다→③종업원 생산성이 증가한다→④서비스의 질이 향상된다→⑤고객만족도가 높아진다→⑥기업에 대한 고객 로열티가 높아진다→⑦재방문률이 증가하고 입소문이 퍼져 기업 실적이 향상된다. 그리고 기업 실적 향상으로 얻은 이익을 직원에게 환원하기 때문에 매번 업그레이드 된 상태로 다시 ①로 돌아가는 선순환이 계속된다.

②종업원의 로열티 향상
종업원 만족도가 높아지면 기업에 대한 종업원의 로열티가 높아진다.

③생산성 향상
종업원 로열티가 높아지면 종업원 생산성이 증가한다.

④고품질 고객 서비스
종업원 생산성이 증가하면 서비스의 질이 향상된다.

⑤고객만족도 향상
서비스의 질이 향상되면 고객만족도가 높아진다.

06 기업이 제공하는 것은 모두 서비스?

기업이 제공하는 것은 모두 서비스다.
서비스 도미넌트 논리는 고객에 대한 인식을 바꾸는 논리다.

서비스에 대한 이해가 깊어진 마리 씨. 그러나 아직도 갈 길이 멀다는 걸 일깨워 주려는 듯 경자 씨는 '서비스 도미넌트 논리(Service-Dominant logic)'라는 개념을 끄집어냈다. "서비스 도미넌트 논리는 하와이대학의 스티븐 바고(Stephen Vargo) 교수 등이 제창한 비교적 새로운 마케팅 개념이야. 서비스와 물건을 따로따로가 아닌 하나라고 보고, 고객 가치 제공 차원에서 생각하는 개념이지. 기업이 제공하는 것은 모두 '서비스' '물건'이라고 보는 견해라고도 말할 수 있어."

서비스 도미넌트 논리란?

기존 마케팅이 서비스와 물건을 분리해 생각했다면 서비스 도미넌트 논리는 서비스와 물건을 한 덩어리로 생각한다.

●기존 사고법

물건은 물건

서비스는 서비스

이쪽입니다.

고객은 돈을 지불하고 물건(유형 상품)을 얻으며 이로써 기업과 고객 사이에 가치 교환이 이루어진다고 생각했다(상품 도미넌트 논리).

●서비스 중심 논리

기업이 제공하는 모든 것이 서비스

이 상품을 구입하셔서 함께 가치를 만들어 갑시다.

서비스와 물건을 하나로 생각한다. 또 고객을 '구입하는 사람'이 아닌 '이용하는 사람'이라고 정의하고, 함께 가치를 만들어 가는 '가치 생산자'로 여긴다.

경자 씨는 설명을 이어갔다. "고객을 구매자가 아닌 이용자로 인식하고 '사용 가치'를 중시하는 이 논리를 적용하면 비즈니스 전개도 달라져. 등산용품 회사를 예로 들어 보면, 등산용 장비를 팔면서 악천후나 조난 위험을 피하는 데 도움이 되는 어플을 함께 제공하는 거지. 또 고객을 단순한 소비자가 아닌 함께 가치를 만들어 가는 생산자로 인식하는 것도 특징이야. 고객의 아이디어를 모아 서비스를 향상시키는 데 활용하기도 해."

서비스 도미넌트 논리의 사고법

서비스 도미넌트 논리에 기초해 비즈니스를 생각하면 전개 방식이 달라진다.

● 사례1: 러닝슈즈

예를 들어 러닝슈즈라면 단순히 신발 판매에 그치지 않고 옷을 갈아입을 수 있는 러닝 스테이션을 설치하거나 주행거리 등을 기록하는 어플을 제공한다.

● 사례2: 아마존의 '킨들'

아마존의 '킨들'은 단말기 판매가 아닌 손쉬운 전자서적 다운로드 서비스로 수익을 올리고 있다.

07 다이렉트 마케팅이란?

최근 인터넷의 빠른 보급과 확산으로 다이렉트 마케팅이 더 주목받고 있다.

"다이렉트 마케팅(Direct Marketing)이란 제품 및 서비스 제공자가 광고 매체를 통해 고객에게 직접 프로모션을 하고 그 반응을 살피는 기법이야. 무점포 판매라고도 불러."라고 말하는 경자 씨. 다이렉트 마케팅을 처음 시작한 회사가 모종·묘목을 파는 미국의 카탈로그 통신판매 업체였다는 이야기에 꽂가게 경영이 꿈인 마리 씨의 관심도 한층 커졌다. 구체적으로는 통신판매, 전단지 광고, 전화 권유, 방문 판매, 온라인 쇼핑 등이 있다.

주요 다이렉트 마케팅

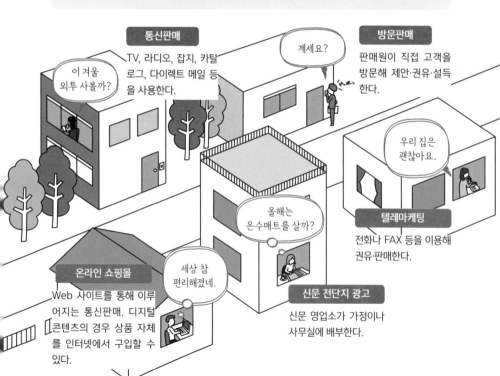

182

다이렉트 마케팅은 고객 반응을 토대로 세분화한 다음 세분화된 그룹의 관심을 끌만한 메시지를 발신하기 때문에 반응이 더 좋다. 나아가 그룹별로 적합한 매체나 혜택, 광고를 검토한다. 온라인 세계에서는 이메일 매거진이나 SNS 커뮤니티 회원 모집으로 데이터베이스를 구축한 뒤 이를 활용해 메시지를 발신한다.

다이렉트 마케팅 네 요소

밥 스톤(Bob Stone)과 론 제이콥스(Ron Jacobs)가 집필한 마케팅의 교과서 《데이터 베이스 마케팅》에서는 다이렉트 마케팅의 요소로 '명부' '타이밍' '크리에이티브' '오퍼' 네 가지를 꼽는다.

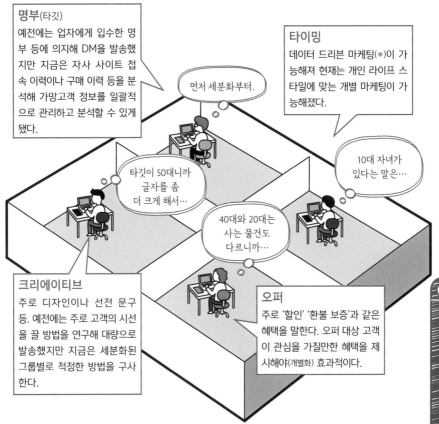

명부(타깃)
예전에는 업자에게 입수한 명부 등에 의지해 DM을 발송했지만 지금은 자사 사이트 접속 이력이나 구매 이력 등을 분석해 가망고객 정보를 일괄적으로 관리하고 분석할 수 있게 됐다.

먼저 세분화부터.

타이밍
데이터 드리븐 마케팅(※)이 가능해져 현재는 개인 라이프 스타일에 맞는 개별 마케팅이 가능해졌다.

10대 자녀가 있다는 말은…

타깃이 50대니까 글자를 좀 더 크게 해서…

40대와 20대는 사는 물건도 다르니까…

크리에이티브
주로 디자인이나 선전 문구 등. 예전에는 주로 고객의 시선을 끌 방법을 연구해 대량으로 발송했지만 지금은 세분화된 그룹별로 적정한 방법을 구사한다.

오퍼
주로 '할인' '환불 보증'과 같은 혜택을 말한다. 오퍼 대상 고객이 관심을 가질만한 혜택을 제시해야(개별화) 효과적이다.

※데이터 드리븐 마케팅Data Driven Marketing…데이터 활용에 중점을 둔 마케팅 기법

08 부추김과 공감으로 이용자의 마음을 움직인다

상품 판매가 목적인 세일즈 레터에도 프레임워크가 있다.
바로 PASONA 법칙이다

'상품 판매 페이지나 세일즈 레터는 어떻게 구성하면 좋을까?' 하고 궁금해 하는 마리 씨에게 경자 씨가 말했다. "그 궁금증에 대한 답은 마케터인 간다 마사노리(神田昌典)가 제창한 **PASONA 법칙**이라는 프레임워크에서 찾을 수 있어." PASONA 법칙은 이용자의 고민과 과제에 초점을 맞추고 이를 해결해 가는 시나리오에 맞춰 상품과 서비스를 권하는 방법이다. PASONA형 문장 구성의 흐름은 다음과 같다.

주요 다이렉트 마케팅

PASONA 법칙은, 상품 판매 페이지나 세일즈 레터 등에서 효과를 발휘하는 프레임워크이다. 건강식품 등 통신판매 광고에도 많이 사용된다.

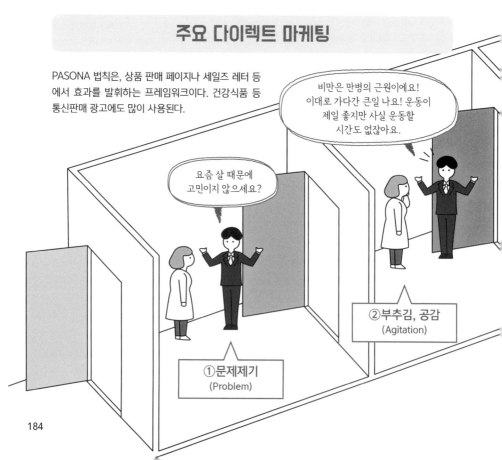

①고민, 불안, 불평, 불만을 표면화해 문제제기 한다(Problem), ②이대로 가다가는 큰일이라고 부추기거나 공감한다(Agitation), ③문제해결책으로 상품과 기능 등을 소개한다(Solution), ④할인 및 혜택을 제시해 구입과 행동을 재촉한다(Narrow, Down, Action). 특히 ②의 부추기고 공감하며 이용자에게 다가가 잠재적 니즈를 발굴하고 구입을 유도하는 작업이 중요하다. 단, 과도하게 부추길 경우 오랫동안 쌓은 신뢰를 잃게 될 수도 있으므로 신중해야 한다.

09

전환률, 어떻게 높일 것인가

온라인 쇼핑몰 운영에서 가장 중요한 전환율을 높이는 방법은?

온라인 광고에 관심이 생긴 마리 씨에게 경자 씨가 도움이 되는 정보를 줬다. "랜딩페이지(※)에서 전환률을 높이기 위해서는 페이지 최적화=LPO가 중요해." 즉 클릭한 사람의 동기나 목적에 맞는 페이지 내용이 표시되어야 한다는 말이다. 또 랜딩페이지는 상품을 구입할 수 있는 페이지여야 한다. 그렇지 않고 기업의 홈페이지로 연결돼 버리면 이용자가 도중에 이탈해 버릴 가능성이 높다.

LPO란?

LPO는 전환률을 높이기 위한 궁리와 선전 문구가 중요하다. 주요 구성은 다음과 같다.

①고객이 자신의 고민과 문제라고 공감할만한 인상적인 선전 문구.

②상품 등 팔기 원하는 제품의 이미지나 설명.

③상품을 구입하면 어떤 변화가 일어나고 어떤 장점이 있는가.

④고객의 신뢰를 얻기 위한 상품 후기와 데이터, 유명인 추천, 미디어 소개 실적 등

⑤다른 경합 상품과의 차이, 독자성, 혜택과 강점

⑥상품 구입 버튼이나 전화번호

특히 ③의 변화나 장점을 명확히 전달하는 과정이 중요해요. 또 장기 고객 확보를 위해 신뢰를 쌓는 작업도 중요하답니다.

※랜딩페이지…광고나 검색 결과를 클릭한 사람이 처음으로 보게 되는 페이지를 가리킨다.

10

카피라이팅의 비결

마케팅에서는 카피라이팅이 매우 중요하다.
그러나 대학이나 비즈니스스쿨에서는 거의 가르치지 않는다.

LPO 설명을 듣고 "선전 문구는 어떻게 써야 할까요?"라고 고민하는 마리 씨에게 경자 씨는 조언했다. "카피라이팅(copywriting)이란 제품과 서비스를 고객에게 전하는 기술이야. 고객에게 전할 메시지를 잘 담기 위해서는, 우선 누구를 타깃으로 삼을지, 자사 상품을 어떻게 포지셔닝(차별화)할지를 정해야 해. 선전 문구를 생각할 때는 PREP법도 효과적이야. 평이한 문장으로 실제 이미지가 머릿속에 떠오르도록 작성하는 게 중요해."

PREP법이란?

PREP법은 원래 논리적 말하기를 위한 기법이다. 머릿속 아이디어를 아래 순서에 맞춰 문장으로 정리하면 아이디어가 구체화된다.

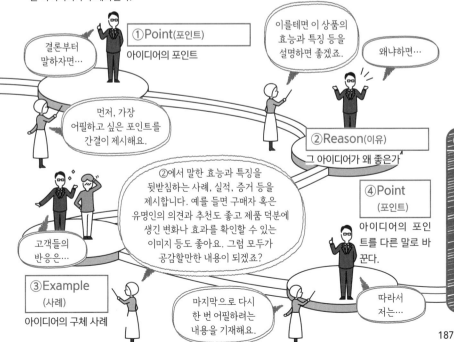

찾아보기

ㅎ

📀 주요참고문헌

• 《칼 교수의 비즈니스 집중 강의 경영전략》
  히라노 아쓰시 칼 지음(아사히신문출판, 2015)
• 《칼 교수의 비즈니스 집중 강의 비즈니스 모델》
  히라노 아쓰시 칼 지음(아사히신문출판, 2015)
• 《칼 교수의 비즈니스 집중 강의 마케팅》
  히라노 아쓰시 칼 지음(아사히신문출판, 2015)
• 《칼 교수의 비즈니스 집중 강의 금융·파이넌스》
  히라노 아쓰시 칼 지음(아사히신문출판, 2016)
• 《일러스트 진짜 비즈니스 프로 칼 교수와 배우는 31개 성공기업의 비즈니스 모델 입문!》,
  히라노 아쓰시 칼 지음(디스커버 투엔티원, 2012)
• 《가장 쉬운 경영학》
  히라노 아쓰시 칼 지음(다카라지마샤, 2018)

DAIGAKU 4NENKAN NO MARKETING MIRUDAKE NOTE
by CARL ATSUSHI HIRANO

Copyright © 2018 by CARL ATSUSHI HIRANO
Original Japanese edition published by Takarajimasha,Inc.
Korean translation rights arranged with Takarajimasha,Inc.
Through BC Agency, Korea.
Korean translation rights © 2020 by THE QUESTION

일러스트로 바로 이해하는
가장 쉬운 마케팅

초판 3쇄 발행 • 2023년 1월 20일

감수 • 히라노 아쓰시 칼(平野敦士カール)
옮긴이 • 조사연
펴낸이 • 김순덕
디자인 • 정계수
펴낸곳 • 더퀘스천
출판등록 • 2017년 10월 18일 제2019-000107호
주소 • 경기도 고양시 일산서구 산율길 42번길 13
전화 • 031-721-4248 / 팩스 031-629-6974
메일 • theqbooks@gmail.com

ISBN 979-11-967841-6-4(04320)
ISBN 979-11-967841-2-6(세트)

이 도서의 국립중앙도서관 출판예정도서목록(CIP)은
서지정보유통지원시스템 홈페이지(http://seoji.nl.go.kr)와
국가자료공동목록시스템(http://www.nl.go.kr/kolisnet)에서 이용하실 수 있습니다.
(CIP제어번호: CIP2020049251)